はじめて学ぶ
教育心理学
[第 2 版]

吉川成司／関田一彦／鈎 治雄 編著

ミネルヴァ書房

第 2 版によせて

　発達障害を含めた精神障害・精神疾患の診断基準である，米国精神医学会のDSMが改訂され（DSM-5），その日本語版も2014年に出版されました。これに伴い，発達障害に関する用語等の記述を書き改めました。また，テキスト全体の記述について，新しい資料・知見を盛り込みつつ整合性をもたせるように配慮しました。加えて，わかりやすい記述になるように部分的に書き改めました。

　第 2 版の編集に際しても，ミネルヴァ書房編集部の浅井久仁人氏には，種々ご尽力をいただきました。記して感謝の意を表します。

　　2016年 4 月

　　　　　　　　　　　　　　　　　　　　　　編者を代表して　吉川　成司

【初版「はしがき」への付記】

記

　教育心理学という科目は，2017（平成29）年に改正された教育職員免許法施行規則では，「教育の基礎的理解に関する科目」の中の一科目に位置づけられ，「幼児，児童及び生徒の発達及び学習に関する科目」の名称が用いられている。同科目の内容については，「教職課程コアカリキュラム」（文部科学省）で，その全体・一般・到達の各目標が示されている。

はしがき

　本書を手にされ，「教育心理学」という言葉を見たときに，どのようなイメージをもたれたでしょうか。

　教育心理学のイメージ，それは「教育心理学とは何か」という課題につながっています。そしてこのことを考えるにあたって鍵になるのは，「教育」と「心理学」の関係をどのように考えるかという点にあるのではないでしょうか。

　改めて「教育心理学」という単語を見てみると，それは「教育」と「心理学」の2つの単語から成り立っていることがわかります。そしてこのつながりはあまりに自然で，生徒を「教育」するためには，教師に「心理学」の知識が必要というようなイメージでしょう。しかし，このイメージは教育心理学を，心理学を教育に応用しただけのものにしてしまいます。

　「教育」と「心理学」，この両者が対照的で両立し難い観点を内包している，ここが教育心理学を学ぶ上でのポイントになると思います。誤解を恐れずに一言にすれば，「教育」の観点は理想の追究，「心理学」のそれは現実の探求と，矛盾するものがつながって「教育心理学」なのです。

　「教育」の観点は，教員に求められる指導力はどうあるべきか，どのような学力を育成するべきかなど，「あるべきこと」（ゾルレン：当為）を追究することにあります。それに対して「心理学」の観点は，教員の指導力に影響する要因は何か，生徒の学力と意欲の関係はどのように調べたら把握できるかなど，「あること」（ザイン：存在）を探求することにあります。

　つまり，教育心理学の学習のためには，対照的で相反する「あるべきこと」と「あること」との複眼的思考が求められるということです（単なる両眼ではありません）。「あるべきこと」，理想を追究することは大切です。どちらの方向に向かえばいいのかが定まらなければ教育は這い回ったり振り子運動を繰り返すだけです。しかし，遠くばかりを見ようとして足下が見えていないようではつまずいたり転んだりする危険があります。ですから反対に，足下の現実や

はしがき

　事実を的確に認識することの大切さがわかります。しかし足下ばかり気にしていると，誰のため何のための教育か，めざすべき理想を見失いかねません。
　「あるべきこと」と「あること」，これらの複眼的思考の必要性は教育心理学の難しさや歯ごたえであり，同時に魅力であり醍醐味なのです。
　上述のような認識に基づくならば，教育心理学は，心理学の単なる教育への応用を超え，現実的・具体的な教育の営みを統一的に捉え，教育実践の深化と積極的な教育観の追究をめざすものと捉えることができましょう。本書を活用して学ばれるお一人お一人にとって，教育観の生成と教育実践の深化の契機になることを念願しています。
　さて，本書を手にされた方々の多くは教職課程を履修している大学生の方でしょうから，教員免許との関係についても説明しておきます。多くの場合，教育心理学という科目（各大学によって異なる場合もあります）は，教育職員免許法施行規則における「教育の基礎的理解に関する科目」の一つ，「幼児，児童及び生徒の心身の発達及び学習の過程」に該当する科目として各大学で開講されています。つまり，教育職員免許法上，教育心理学の主要な内容は，「子どもの発達と学習」です。このような意味で，教育心理学は，「子どもの育ちと学びの学」であるとも言えましょう。ただし，発達と学習に関連して，評価や適応など教育心理学の領域は多岐にわたっています。
　以上のような観点から，本書は教育心理学のテキストとして，コンパクトで目配りが行き届きバランスのとれた内容を心がけました。また，興味や関心をもっていただくために各章のイントロダクションや各種のコラムを設けたり，授業時間以外の学習のために学習問題や推薦図書の欄を設けました。学生，教員それぞれの立場で活用していただければ幸甚に存じます。
　末筆ながら，本書の出版に際しては，ミネルヴァ書房編集部の浅井久仁人氏にお世話になりました。謹んで感謝を申し上げます。

　　　　　　　　　　2010（平成21）年7月　編者を代表して　吉川　成司

はじめて学ぶ教育心理学 第2版 目次

第2版によせて
はしがき

第1章 教育心理学の意義

1 人間と教育 …………………………………………………………… 3
2 教育心理学の目的と課題 …………………………………………… 6

第2章 教育心理学の研究方法

1 実 験 法 …………………………………………………………… 13
2 調査法とテスト法 …………………………………………………… 16
3 観察法，面接法，作品法 …………………………………………… 21
4 質的研究法 …………………………………………………………… 24
5 研究のアプローチの仕方 …………………………………………… 27

第3章 発達の理論

1 発達の基本概念 ……………………………………………………… 33
2 発達を規定するもの ………………………………………………… 36
3 発達の過程 …………………………………………………………… 40

第4章 発達の諸相

1 ライフコースにおける発達の特徴 ………………………………… 53
2 認知発達──ピアジェの認知発達理論 …………………………… 62
3 社会情緒的な発達 …………………………………………………… 68

第5章　学習理論と学習指導

1　学習の理論 …………………………………………………… 79
2　学習者の能動性と学習指導 ………………………………… 84
3　授業（指導）形態と学習者の心理 ………………………… 87
4　学習者の多様性に対する配慮 ……………………………… 91

第6章　学習の評価

1　何をどのように評価するか ………………………………… 97
2　教育評価の目的 ……………………………………………… 100
3　同じ点数でも解釈が違う？ ………………………………… 101
4　同じテストでも，役目が違う ……………………………… 103
5　「テスト」の考え方 ………………………………………… 105

第7章　学習の動機づけ

1　動機づけとは ………………………………………………… 113
2　動機づけの種類 ……………………………………………… 116
3　動機づけと学習 ……………………………………………… 122

第8章　学級集団とその指導

1　学級集団の心理学的構造 …………………………………… 135
2　集団指導の進め方 …………………………………………… 138
3　サイコエジュケーション …………………………………… 141
4　学級崩壊 ……………………………………………………… 146

第9章　生徒理解と個別指導

1　生徒理解の意義と観点 ……………………………………… 153

2　「個」の理解としての生徒理解………………………………………… 156
3　生徒理解に基づく個別指導の考え方と進め方………………………… 160

第10章　問題行動と教育相談

1　「問題行動」を考える視点……………………………………………… 173
2　問題行動のメカニズムと現れ方………………………………………… 175
3　学校における教育相談の役割…………………………………………… 178
4　学校内・外での連携・協働……………………………………………… 180

第11章　発達障害と特別支援教育

1　「発達障害」への理解…………………………………………………… 189
2　特別支援教育で主な対象となっている発達障害……………………… 192
3　特別支援教育を推進するために………………………………………… 198

人名索引／事項索引

コラム

韓国の教育事情：休みを知らない子どもたち…49

自尊感情（Self-esteem）の発達…76

新しい学習評価の模索…109

外的報酬のデメリットとは？…130

努力を隠そうとするのはなぜ？…131

リーダーシップのタイプは？…149

教師自身の気づきのために：教師用 RCRT …169

児童版ウェクスラー式知能検査-第4版（WISC-Ⅳ）の検査の課題と指標…208

第1章　教育心理学の意義

美味しい日本酒造りには，質の良い「米」と「麹」，そしてきれいな「水」が欠かせない。同様に，質の高い教育心理学研究を可能にしていくためには，「データ」（米）と「理論」（麹），そして，「研究法」（水）が不可欠である。
　教育の過程は，人間の成長発達と人格形成のための最も重要な営みである。教育心理学がこうした教育活動の実践を支え，援助していくためには，「豊かなデータ」と「力強い理論」，そして，「洗練された研究法」に支えられた，質の高い教育心理学研究の充実を図っていくことが不可欠である。

1 人間と教育

■人間と向き合う職業

　一般に,「教育」と「医療」,「福祉」,そして「政治」という営みは,人間を対象にして,人間と直接向き合う活動であるだけに,最も困難を要するものであると考えられる。しかし,それだけに,逆の見方をすれば,最もやりがいのある活動であり,仕事でもある。

　「教育」とは,いうまでもなく,人間の健全な成長と発達を支える営みであり,人格形成を社会的に援助することである。言い換えれば,人間に,望ましい行動の変化がもたらされるように意図された活動や過程が教育であると言える。家庭にあっては親が,学校においては教師が,その中心的役割を担っていると言える。

　これに対して,「医療」は,人間の病を治癒し,心身の健康の回復の手助けをする上でなくてはならない職業である。なかでも,「心の治療」は,人間が生きていく過程でかかえこむ,さまざまな精神的課題に寄り添い,解決していくための手助けをする仕事である。こうした病の診察や治療にあたるのが医師である。

　「福祉」もまた,公的扶助やサービスを提供することで,人間の生活の安定をはかる,きわめて重要な職業のひとつである。今日,身体的,精神的に障害のある人々や,環境上の理由により,日常生活を営むのに支障をきたしている人々の福祉に関する相談や助言,指導,サービスを提供する社会福祉士や,介護に関する指導をおこなう介護福祉士などは,社会福祉の増進に貢献している代表的な存在である。

　そして,「政治」は,人間同士の考え方の違いや争いを調整し,社会に秩序と統治をもたらす上でなくてはならないものであり,人々に,よりよい社会的環境を提供していく上で不可欠の仕事である。その中心的存在は言うまでもなく,政治家である。

これらの職業が,とりわけ,困難を要する職業であると同時に,やりがいのある職業であるとされる理由として,いずれも,①人間を対象としていること,②人間関係が活動の媒体となっていること,そして,③人間を育み,支え,援助する仕事であることがあげられる。もとより,企業であれ,農業であれ,芸術であれ,世の中のあらゆる職業は,すべて人間関係の中で成り立っている訳であるが,なかでも,教育,医療,福祉,政治は,人間と直接的に向き合い,人間を支えていく上で,きわめて重要な役割を担っている。

■「教育」とは何か

その中でも,「教育」は,子どもの健全な成長と発達を援助し,人格形成を社会的に援助する営みであるという点で,すべての根幹をなす仕事である。言い換えれば,人間の可能性を引き出し,社会的自立を援助し,人間を善くするという目的に根ざした営みが,教育にほかならない。人間は,教育されることによって,はじめて真の人間となると言われるが,人間を育て,つくりあげていく上において,教育という過程はきわめて重要な役割を担っていると言える。

教育は,「教育する者」,すなわち,教師や親に代表される個人や,学校や国家に代表される特定の機関と,「教育される者」,すなわち,未成熟な子どもたちや青年に代表される被教育者との関係において成立する。つまり,「教育する者」が,「教育される者」の行動や人格を,一定の価値的目標に向けて変化させることで,社会の維持と発展に資する働きかけが教育である。端的にいえば,被教育者の成長の可能性を引き出し,望ましい行動の発展をもたらすように,企図された過程や活動が教育であると言える。

家庭や学校という教育の場では,教育の対象である「教育される者」は一般に子どもであるが,今日では,教育の過程を,生涯を通じておこなわれる過程(life long process)として捉えることにより,乳幼児期に始まり,児童期,青年期を経て,壮年期や老年期の段階にいたるまで,一貫して持続するものとみなす考え方が中心になりつつある。そうした点では,今日,教育の対象は,児童生徒や青年にかぎらず,成人や高齢者にいたるまで,幅広い年齢層に及んで

いる。

■「教育」のパラドックス

ところで，教育という過程には，パラドックス的状況が存在していることを銘記してかかる必要がある。いうまでもなく，パラドックス（paradox）とは，逆説，つまり，矛盾または不合理のようで，実際は正しいという説のことをいう。つまり，相反する命題が，同時に承認されなければならない状況が，パラドックス的状況である。

古代ギリシャの有名なパラドックスに，「飛んでいる矢は静止している」という言葉がある。常識的な立場では，当然のことながら，「飛んでいる矢は，事実，飛んでいる」のであるが，その一方で，一瞬一瞬を捉えてみると，それは映画の1コマのように，「矢は一点で静止している」ともみてとれよう。

教育の過程においては，子どもを善くするためには，本来であれば，「教育する者」が，「善さとは何か」，「善くするとはどういうことか」ということについて，当然，知っていなければならない。しかし，一方では，「善さとは何か」という問いに対して，誰も絶対的な確信をもって答えることはできないという現実がある。したがって，教育の過程では，「知っていないけれども教える」という矛盾した状況が生じるのである。

すでに述べてきたように，教育は，常識の立場では「教育する者」が，「教育される者」を教えることによって成り立つ。しかし，その一方で，「何もしないことから始める」，「教えないことで教育が成り立つ」という視点もまた，ある意味で，教育の本質を言い表しているといえる。教育の過程は，こうしたパラドックス的状況にあることをふまえてかかることが重要である。

その意味では，「教育する者」＝教師・親には，子どもとの共同の探究者として，共に学ぶという自覚や，人間としての謙虚さが求められる。

2 教育心理学の目的と課題

教育心理学の目的

　現代の心理学の研究領域は，一般心理学をはじめ，発達心理学，学習心理学，教育心理学，社会心理学，認知心理学，産業心理学，臨床心理学，人格心理学，犯罪心理学などの諸領域に分かれ，実に広範囲に及んでいる。

　このうち，教育心理学は，心理学の立場から，前述の教育の過程，すなわち，「教育者」と「被教育者」との関係に代表される教育活動について，実証的に研究する学問である。言い換えれば，「教育者」-「被教育者」との関係を中心としたさまざまな教育事象における事実や法則性を探究することにより，教育的なはたらきかけを効果的にするための心理学的な知見や技術を，提供しようとする科学であると言える。

　教育心理学の研究分野は，本書の第3章から第11章にかけて紹介されているように，人間の身体や精神の発達にかかわること，学習の理論や学習指導に関すること，教育評価や動機づけ，児童生徒や学級集団の理解，さらには，問題行動と教育相談，発達障害や特別支援教育など，多岐に及んでいる。近年では，認知心理学や臨床心理学，教育工学等の分野との連携を図りながら，新しい教育心理学の研究も進められている。

　すでに，前節で触れてきたように，教育の過程は，人間の健全な成長発達を援助し，人間を善くしようという目的に根ざした実践的活動である。したがって，教育心理学は，そうした人間形成にかかわる最も重要な教育活動を，心理学的に支援しようとする学問であるが，単に，心理学の法則や知見を見出すことだけにとどまるものであってはならない。むしろ，目の前の教育実践に有効で，教育的価値のある理論や実践的技術を提供していくことを，常に心がけていく必要がある。と同時に，前節で触れたように，教育の過程がパラドックス的状況にその本質があることを十分に認識した上で，教育心理学の研究に従事する者もまた，教師と同様，子どもとの共同の探究者として，子どもとともに

学ぶという自覚や，人間としての謙虚さが求められる。

■ **教育心理学の成立過程**

教育心理学の歴史は，教育心理学の祖といわれるドイツの哲学者ヘルバルト（J. F. Herbart, 1774-1841）にまでさかのぼる。その理由は，彼が，19世紀の初頭に，その著書『一般教育学』（1806）において，教育の目的は倫理学に，そして，教育の方法を心理学に求めたことに由来する。

教育心理学の創始者といわれるのは，アメリカのコロンビア大学の教授であったソーンダイク（E. L. Thorndike, 1874-1949）である。その理由は，彼が『教育心理学』（1903）を著しただけでなく，学力の客観的測定を意図した教育測定運動を展開したからである。彼のこの著書が，今日の教育心理学の学問的体系の規準となっている。

なお，彼は，動物実験の結果に基づいて，学習は，刺激と反応の結合によって成立するという「連合説」（association theory）や，ある反応が満足を引き起こしたときは，刺激と反応の結合が強まるのに対して，不満足事態では，刺激と反応の結合が弱まるという「効果の法則」（law of effect）を提唱したことでもよく知られている。

ソーンダイクを中心としたアメリカの研究は，我が国の教育心理学の発展と普及にも大きな影響を及ぼし，日本でも，大正期に入ってからは，児童研究や教育測定の分野を中心に研究が盛んになった。当時の教育心理学に関する代表的著作は，松本亦太郎・楢崎浅太郎共著の『教育心理学』（1915年）である。その後，上村福幸は，スタンフォード大学のターマン（L. M. Terman, 1877-1956）の知能研究を紹介した『知能測定法』（1922）を出版しているが，こうした著作は，当時，我が国において，教育心理学的研究への関心が高まりつつあったことを物語っている。

■ **教育心理学研究の今日的課題**

森敏昭（2004）は，教育心理学研究の特質と今日的課題について，教育心理

学の世界を日本酒の世界にたとえて，興味深い指摘をおこなっている。それによると，教育心理学研究における3つの構成要素は，「データ」と「理論」と「研究法」であるとされる。つまり，優れた教育心理学研究が成立するためには，純米酒造りに，良い「米」と「麹」，「水」が必要であるのと同様，「豊かなデータ」（米）と「力強い理論」（麹），そして，「洗練された研究法」（水）が不可欠であるという。

また，教育心理学研究における今日的課題について，「教育実践志向」と「研究法の厳密さ」の2つの次元の上から，検討をおこなっている。すなわち，「理論志向-教育実践志向」の程度を，日本酒の「淡麗-濃醇」の程度にたとえ，「研究法の厳密さの高低」の程度を，日本酒の「辛口-甘口」の程度になぞらえた上で，教育心理学研究の課題について言及している。

森によれば，これまでの日本酒の世界において，名酒といわれ，鑑評会で金賞を受賞してきたのは，「淡麗辛口」の酒であったように，従来の教育心理学研究において優れた研究と称されてきたものは，理論志向が強くて，かつ研究法が厳密な研究であった。

つまり，理論的に優れ，厳密な研究法を用いた高度に抽象化された研究が，いわゆる伝統的なアカデミズムの研究様式であった。従来から，優れているとされてきた教育心理学研究は，学校現場が必要としている実践研究には手を染めてこなかったのである。

そこで，森は，理論と厳密な研究方法を重視する従来の「淡麗辛口」の研究様式（これを「モード1」とする）と，これまで学校現場を中心におこなわれてきた，具体的な問題の解決という実践的性格は強いが，理論的な面での厳密さに欠ける「濃醇甘口」の研究様式（これを「モード2」とする）という，2つの研究様式を循環させるシステムの必要性を提唱している。

すなわち，「モード2」の学校現場の世界で問題を発掘し，それを従来の教育心理学における研究様式である「モード1」で分析，吟味し，理論化し，それを再び，現場の「モード2」の世界に還元していけるような，循環システムとしての「モード3」の研究様式が不可欠であることを示唆している（図1-1）。

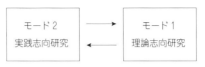

図1-1 「モード3」の循環システム
(出所) 森(2004)。

こうした往復作業の試みが，これまで論議されてきた，教育心理学の研究は現場に役立たないという教育心理学の不毛性の論議に，一石を投じることになるというのである。

このように，これからの教育心理学には，実践的側面と理論的側面の両方を兼ね備えた，質の高い研究が求められている。

┌学習課題────────────────────────────
│○教育とはどのような営みをいうのか。また，教育心理学の目的とは何か，説明し
│ なさい。
│○学校教育において，教育心理学が果たすべき役割とは何か，説明しなさい。
└─────────────────────────────────

参考文献
勝田守一・五十嵐顕・大田堯・山住正己編著（1979）『岩波小辞典　教育　第2版』岩波書店。
河合伊六・松山安雄編著（1989）『現代教育心理学図説』北大路書房。
國分康孝編（1990）『カウンセリング辞典』誠信書房。
松山安雄・倉智佐一編著（1984）『教育心理学要説』北大路書房。
三宅和夫・北尾倫彦・小嶋秀夫編（1991）『教育心理学小辞典』有斐閣。
森敏昭（2004）「21世紀の教育心理学が目指すもの(1)――教育心理学の不毛性論議のゆくえ」『書斎の窓』533号，有斐閣。
村井実（1976）『教育学入門（下）』講談社学術文庫。
上村福幸（1922）『知能測定法』東京・教育研究会。

（鈎　治雄）

第 2 章　教育心理学の研究方法

アルプスを登攀できるような高度の技術をもった人々のことをアルピニストというが，アルピニストの目的は，エベレストのような最高峰の山に登頂することにある。しかし，エベレストの登頂に際しては，いくつもの異なった登攀ルートがある。
教育心理学の目的は，前章で触れたように，さまざまな教育事象における事実や法則性を，実証的に探究することにある。しかし，そのための方法は，ひとつではない。エベレストの登頂に際して，いくつもの登攀ルートがあるように，教育心理学においても，教育事象の探究のための手法には，いくつもの種類がある。

1 実験法

「実験法」(experimental method) とは，研究すべき対象や場面の諸条件を厳密に統制することにより，特定の行動や事象を反復させ，観察する方法である。科学としての教育心理学において，実験法は，きわめて重要な研究法である。

■実験群と統制群

実験法にはさまざまな種類があるが，その代表的なものは，「統制群法」(統制群実験）である。「統制群法」(control group method) では，まず，2つ以上の等質なグループを設定する。等質なグループとは，たとえば，男女の数や知的能力，年齢構成などの面で，質的に等しい群を設けることをいう。

その上で，一方のグループを「実験群」(experimental group) として，特定の条件を付与する。また，他方で，条件を付与しない「統制群」(control group) を設定する。つまり，「統制群」とは，「実験群」と比較するために設けられた群である。そして，両群の結果を比較検討することにより，実験群で一定の条件を与えたときの効果について分析するのが実験法である。こうした「統制群法」は，「実験群」と「統制群」の両群を照らし合わせて比較検討する方法であるから，「被験者間対照群法」とも呼ばれる。

ハーロック (E. B. Hurlock, 1925) がおこなった，教師の称賛と叱責の教育的効果について言及した古典的な研究を例にとり，今一度，実験法について具体的に触れておこう。この研究では，称賛と叱責の教育的効果を検討するために，まず，対象児童の年齢，男女の比率，および学習成績を考慮して，「実験群」（3群）と「統制群」という等質なグループを計4つ設定した。

この研究では，「実験群」は，新しい学習に入る前に，前日の学習成績の結果を，毎日，教師がほめ続ける「称賛群」，叱り続ける「叱責群」，そして，他の子どもたちがほめられたり，叱られたりするのを傍らで見ているだけの「放任群」という，それぞれ異なる条件を付与した計3つのグループで構成されて

いる。これに対して，「統制群」では，「実験群」とは切り離して，まったく別室で，操作を加えない学習が義務づけられた。そして，計5日間にわたる実験群と統制群の学習結果を比較することで，教師による称賛や叱責が，児童の学習に与える効果について検討している。ちなみに，この実験では，学習に対する教師の称賛の効果は持続し，叱責は一時的な効果があることが示された。

■単一群実験

　実験法の中でも，最も簡潔な方法は，「単一群実験」と呼ばれるものである。これは，個人または集団に対して特定の条件を付与し，それによって生起する行動の変化を観察する方法である。言い換えれば，「実験群」のみを設け，比較のための「統制群」を設けずに実験をおこなう方法である。

　単一群実験の欠点は，比較対照される統制群が設けられていないので，実験群に特定の条件を付与することで，たとえば，個人や集団の学習成績にプラスの変化が見られたとしても，それが，本当に特定の条件の付与による効果なのかどうかを，厳密に検証できない点にある。

　単一群実験は，しばしば，学校現場で用いられることが多い。その理由としては，学校現場は研究機関ではないので，厳密な実証的検討を必ずしも必要としないこと，また，学校は多忙をきわめるがゆえに，前述したような「統制群法」（被験者間対照群法）を用いて綿密に研究することが，時間的にも困難であることがあげられる。加えて，学校教育場面では，倫理的見地から，比べるという意味あいの強い「被験者間対照法」を用いることが，研究とはいえ，必ずしも適当でない場合があるからである。

■独立変数と従属変数

　実験法の利点は，研究しようとする条件，すなわち，付与された条件と，それによって変化する行動との関係を明確にすることができる点にある。そのことによって，原因と結果とのかかわりを明らかにすることが可能になり，一般的法則や基本的原理を見出すことができる。

実験法では，原因として考えられる条件のことを，「独立変数」(independent variable) と呼んでいる。つまり，独立変数とは，実験者の側で制御できる刺激量や回数などの変数のことをいう。

　これに対して，結果として観察される行動や事象のことを「従属変数」(dependent variable) と呼んでいる。従属変数とは，独立変数に対応して，動物や人間などの生活体の側にあらわれる反応量のことをいう。前述のハーロックの称賛と叱責の教育的効果に関する研究を例にとれば，子どもに対する称賛や叱責といった条件が独立変数であり，それによって生じる学習成績の結果が従属変数である。

　ある変数 X の値が定まれば，他方の変数 Y の値が定まるとき，Y を X の関数と呼ぶ。変数 X と Y の間にある関数 $f(X, Y)$ を，$Y = f(X)$ であらわすとき，X に相当するのが独立変数である。これに対して，独立変数 X に対応して決まる Y が，従属変数である。

　このように，実験法の目的は，因果関係の立証にある。つまり，実験法の目的は，独立変数が従属変数に影響を及ぼしていることを証明することにある。

■ 媒介変数，外在変数

　なお，実験法では，独立変数と従属変数の両変数とのあいだに介在するさまざまな概念や過程を「媒介変数」(intervening variable) という。「媒介変数」は，「仲介変数」とも呼ばれるが，これは，独立変数と従属変数とのあいだに存在すると理論的に推定される変数である。つまり，両変数の橋渡しをする変数のことである。

　なお，実験者が，実験計画の中で取り上げなかった変数のことを「外在変数」(extraneous variable) という。たとえば，前述のハーロックの研究でいうと，実験時の児童の気分であるとか，子どもと教師との相性といった変数は，実験計画では考慮されていない。このような変数が外在変数と呼ばれるものである。

2 調査法とテスト法

■調 査 法

「調査法」(survey method)は,あらかじめ調べたい態度や行動,意見,価値観等の内容について,質問形式をとおして明らかにしようとするものである。調査法の利点は,前述の実験法とは異なり,人為的な操作を加えることなく,究明したい問題や事象に関する資料を収集し,人間理解を深められるところにある。

一般に,調査法では,文章による質問を記載した用紙を使って,資料収集をおこなう「質問紙法」(questionnaire method)の形式が用いられる。質問紙法は,教育調査や社会調査,市場調査において広く活用されている。このうち,「教育調査」(educational survey)は,教育の実態や問題の背景要因等について,実証的に明らかにしようとするものであり,結果の分析に際しては,多変量解析等の数量的処理がおこなわれる場合もある。

なお,調査法という場合は,質問紙法の形式が中心であるが,時と場合によっては,後述する面接法やテスト法などを調査法の中に含めることがある。

調査法の長所としては,実施が比較的容易であり,短時間に多くの資料を得ることができる点にある。また,得られた結果を得点化できることも利点のひとつである。調査法には,対象となる全員を調べる「全数調査」と,母集団から抽出された標本を調査する「標本調査」がある。

■調査法の回答形式

調査法(質問紙調査)の一般的回答形式としては,各設問に対して,「はい」「いいえ」の2選択肢(2件法)や,「はい」「どちらでもない」「いいえ」などの3選択肢(3件法)から1つを選択させる単一回答がある。また,設問に対して,多くの選択肢の中から,複数のものを選択できる複数回答がある。さらに,質問に対して,自由な記述を求める自由記述形式による方法もある。

■評定法

「評定法」(rating method) は，対象を何らかの基準に基づいて分類したり，順序づけたり，価値づけをおこなう方法で，「評価法」とも呼ばれる。一般には，本章第3節で触れる観察法において，観察された児童生徒の活動状況などを評定する際に用いられる。しかし，評定法はまた，調査研究をおこなう際に，前述の質問紙調査と一緒に，抱き合わせで用いられることも多い。そこで，本書では，「評定法」を，調査法の中に含めて，以下，その概要について触れておきたい。

評定法は，「評定尺度法」「SD法」「一対比較法」「品等法」「分類法」などの種類に分けられる。まず，「評定尺度法」(rating scale method) は，たとえば，「明るさ」や「温かさ」などのさまざまな特性や態度などに関する複数の評定項目を設け，それぞれの項目について，「大変」「まあ」「あまり」「まったく」などの選択肢を用いて，評定をおこなうものである。評定尺度法は，その目的や実情に応じて，評定項目を柔軟に，しかも広範囲にわたって設定できるという点で利用価値が高い。

たとえば，鈎治雄 (1997) は，小中高校生計2350人を対象にして，教師のプラスイメージとマイナスイメージについて，評定法を用いて4件法で検討をおこなっている。その結果，「清潔さ」や「正直さ」，「さわやかさ」といった評定項目で測定された教師のプラスイメージは，学年の上昇とともに大きく低下しているが，「自分勝手」「つまらない」といったマイナスイメージは，逆に上昇することが示唆されている。このように，評定法は，ある対象や事象についてのイメージなどを明らかにする上で利用することが可能である。

「SD法」(semantic differential method) は，「意味差判別法」や「意味微分法」とも呼ばれる。これは，たとえば，色や人物，商品などの印象やイメージについて，「明るい-暗い」「大きい-小さい」などの正反対の形容語を両端に設けて，「大変」「まあ」「まあ」「大変」などの選択肢をあいだに挿入し，それらの選択肢から1つを選択するかたちで評定させるものである。

「一対比較法」(method of paired comparisons) は，たとえば，好みの果物に

ついて，①「なし」と「りんご」，②「みかん」と「なし」，③「バナナ」と「いちご」というように，種類の異なる果物を対提示する。そして，そのいずれか1つを選択させることで，最終的に，全組み合わせの中から，最も多く選択された順で，好まれる果物を明らかにしようとするものである。

「品等法」(ranking method)は，「順位法」とも呼ばれる。これは，たとえば，「好感がもてる男性のイメージ」を知る際に，（　）優しい人，（　）かしこい人，（　）お金持ちの人，（　）背の高い人，（　）仕事のできる人などの項目について，好感がもてる順に，1から5の番号をつけさせるものである。

また，「分類法」(classification question)とは，たとえば，男と女の特性について把握しようとするときに，（　）涙もろい，（　）話好き，（　）我慢強い，（　）冷静，（　）行動力がある，などの行動特性が，1．男性，2．女性のいずれで強いかを分類させる方法である。

■テスト法

同じ質問形式を用いる場合でも，得られた結果から，児童生徒の個人差や個性を弁別したり，診断的な要素が加わってくる場合には，「テスト法」(検査法)と呼ばれる。したがって，テスト法の場合には，知的能力や性格特性の診断や査定（assessment）という側面が強調されるので，ここでは，質問形式による調査法とは一応区別して取り上げることにする。

■個別テストと集団テスト

テスト法は，形式面からいうと，「器具によるテスト」（個別検査）と，「ペーパーテスト（質問紙検査）」（集団検査）に分けられる。「器具によるテスト」は，用具を必要とするので，基本的には，1対1で個別に実施される。これに対して，「ペーパーテスト（質問紙）」の場合には，一度に，短時間で，特定の集団や多くの対象者に実施が可能である。

たとえば，知能検査や性格検査を例にとれば，個別式知能検査の代表例としては，田中・ビネー式知能検査や，言語性IQ（知能指数）や動作性IQを測定

する WISC（Wechsler Intelligence Scale for Children）などがよく知られている。これらの個別式知能検査は，幼児や児童の知的発達の程度を診断する上で，各専門機関で広く活用されている。また，性格検査では，10枚の左右対称のかたちをしたインクのしみ図版を用いて，人格診断をおこなうロールシャッハテスト（Rorschach test）などがある。

　集団検査では，知能検査として，代表的なものに，「京大 NX 式知能検査」がある。また，性格検査では，劣等感や神経質，協調性，攻撃性など12因子（12下位尺度）計120の質問項目で構成される「矢田部・ギルフォード性格検査（Y-G 性格検査）」などがよく知られている。

■客観テストと論文体テスト

　学力テストは，「ペーパーテスト（質問紙検査）」の形式を用いているが，これは，大きく「客観テスト」と「論文体テスト」とに分けられる。客観テストでは，虫食い問題のように，解答に際して簡単な記述を求める「再生法」（method of recall）と，真偽法や多肢選択法で解答を求める「再認法」（method of recognition）がある。

　「論文体テスト」では，「～について論じなさい」といった設問形式で解答を求めるが，テストの客観性や数量化の点で課題があるとされる。したがって，論文体テストの評定に際しては，たとえば，平井昌夫（1971）が示唆しているような，内容面の評価では，①ものの見方や感じ方，②発見創造，③個性的表現，④追求性など，形式面では，①段落，②漢字の使用，③文字量などの評価基準をふまえて，数量化をおこなっていくことが必要である。

　学力テストのうち，標準化の手続きを経た検査は，「標準学力検査」と呼ばれる。標準学力検査では，①実施の手続きが定められていること，②結果の採点法が定められていること，③信頼性や妥当性が高いことなどの条件を満たしていることが重要となる。

■テストの信頼性

さて，一般に，良いテストであると言われるためには，「信頼性」(reliability)と「妥当性」(validity)を備えていることが重要である。「信頼性」とは，テスト結果の恒常性や一貫性のことをいう。信頼性の高いテストとは，同一の児童生徒集団が，同一の条件下で，何度テストされても，同じ結果を示すようなテストのことをいう。逆に，信頼性の低いテストとは，あるテストを実施し，一定期間後に，同一の児童生徒集団に対して，再び同じテストを実施したときに，2つの結果が極端に異なっているようなテストのことをいう。

教育心理学では，テストの信頼性を検討するために，「再検査法」を取り入れることが多い。これは，同一の児童生徒集団に，同一の条件下で，同一のテストを，6ヶ月程度の期間をおいて再度，実施することによって，テスト得点の安定性や恒常性を見るものである。また，ひとつのテスト問題を，たとえば，奇数番目の問題と偶数番目の問題とに折半し，双方の得点結果の相関を求める「折半法」も，しばしば用いられる。

■テストの妥当性

テストの妥当性とは，テストが測定しようとしているものを，正確に測定している程度のことをいう。あるテストが測定しようとしている能力や特性を，適確に測定しているならば，そのテストの妥当性は高いといえる。反対に，妥当性の低いテストとは，たとえば，学力テストを例にとると，小学校4年生用の学力テストに，未学習の小学校5～6年生の内容が含まれているような場合をいう。

なお，テストの妥当性の種類には，テストの内容が，測定しようとしている心理特性や能力を十分に測定しているかどうかという「内容的妥当性」(content validity)や，職業適性検査などのテストの測定結果が，テストを受けた本人の将来の進路や職業と，どれだけ一致しているかという「予測的妥当性」(predictive validity)がある。さらに，あるテストの測定結果が，既存の別のテストによって測定された結果と，どの程度一致しているかという「併存的妥当

性」(concurrent validity) がある。

3 観察法，面接法，作品法

観察法

「観察法」(observation method) とは，研究者が，視覚や聴覚など，自らの感覚器官を用いてデータの収集をおこなう方法である。観察法が，主に，目や耳などの感覚器官を使って実施されるのに対して，本章第2節で取り上げた調査法やテスト法の多くは，主として，言語を媒介としている点で違いがある。

観察法は，条件統制の有無によって，「実験的観察法」と「自然的観察法」に分けられる。実験的観察法は，ある条件統制を設けることによる観察法であり，自然的観察法は，文字通り，研究対象を自然のままに観察する方法である。

観察法は，観察における計画性のいかんによって，「組織的観察法」と「非組織的観察法」とに分けられる。組織的観察法とは，研究の目的を明確にし，そのために，必要な準備や綿密な計画を立てておこなう観察のことをいう。

また，観察法は，観察時間の設定の仕方によって，「持続的観察」と「時間見本法」(time sampling method) に分けられる。このうち，時間見本法とは，タイム・サンプリング法ともいわれ，児童生徒の行動観察のために，たとえば，昼休みの時間という特定の時間だけに限定して，児童の遊びの観察をおこなうといった方法のことをいう。

なお，時間要因ではなく，観察に際して，特定の場面だけを選択して，その場面だけを集中的に観察することを「場面観察法」(situational sampling method) という。運動場にある砂場に限定して，児童の遊びの様子を観察する場合などがこれに相当する。

さらに，観察法は，観察記録のとり方によって，「逸話記録法」と「行動目録法」とに分けられる。逸話記録法とは，児童生徒や教師の発話などを，展開される順序に沿って，具体的に，ありのままを自由記述によって記録することである。記録されたデータは，その後，研究の目的に応じて分析され，活用さ

れる。

　行動目録法とは，「チェックリスト法」(check-list method) とも呼ばれ，予想される行動のカテゴリーをあらかじめ決めておいて，そのカテゴリーに分類された行動が生起するごとに，記録用紙の該当箇所（欄）をチェックしていく方法である。

　なお，観察法は，観察場面に対して，研究者がどのような関わり方をするかによって，「参加（参与）観察法」(participant observation) と「非参加観察法」とに分けられる。

■面接法

　「面接法」(interview) は，個人と個人が対面し，さまざまな情報や相手の考え，意見などを知る方法である。つまり，面接者が，ある目的をもって被面接者と直接顔を合わせ，一定の時間内で，言語を媒介にして相互にコミュニケーションを図る中で，被面接者から情報を得たり，感情の理解に努めることをいう。面接法の実施に際しては，面接者と被面接者とのあいだで意思の疎通が図られるように，ラポール (rapport) が形成されていることが重要となる。

　面接法は，大きく「調査的面接」と「臨床的面接」とに分けられる。調査的面接は，研究目的に応じて，あらかじめ質問を用意しておき，情報を得る方法である。調査的面接の場合には，あくまでも調査を目的とした面接なので，その点では，本章第2節の「調査法」の中に含めてよい。

　調査的面接でも，あらかじめ，研究目的に応じて，きちっと用意された質問に沿って，必要な情報を得る場合には，「構造化面接」(structured interview) や「組織的面接」と呼ばれる。

　これに対して，面接者が，事前に決められた質問の枠組みを守りながらも，面接の細かなところでは，状況に応じて，質問内容を部分的に追加したり，省いたり，順番を変えるなどして，柔軟に対応していく面接は，「半構造化面接」(semi-structured interview) と呼ばれる。今日，教育心理学や臨床心理学の研究では，この半構造化面接が用いられることが多い。後述する質的研究法では，

その研究の一環として，半構造化面接を実施することが多い。

なお，臨床的面接は，カウンセリングや教育相談など，心理的援助を目的にした臨床場面で実施されるものである。臨床的面接は，その目的に応じて，受理面接や診断的面接，治療的面接に分けられる。

■作 品 法

教育心理学の研究では，児童生徒が作成したさまざまな工作物や絵，作文などの作品や，日記や手記，自叙伝などの生活に関連した記録なども，個人の内面的な心理等を理解していく上で，価値ある資料である。とりわけ，児童生徒が描いた絵画は，その内容や色使い，構成などの点で，個人が置かれている立場や心理，性格などを理解する上で貴重な資料となる。

ところで，本章第2節で取り上げたテスト法のひとつに，所定の用紙に樹木を描かせる「バウムテスト」(Baum test) がある。これは，コッホ (C. Koch, 1949) が創案したもので，「実のなる木を，できるだけ上手に描いてください」という教示により樹木画を描かせるもので，個人の精神発達や性格などの測定が可能である。こうしたバウムテストは，投影法の一種として性格検査法の中に含めるが，個人が描いた作品であるという点では，作品法の中に含めてもよいであろう。

創価大学鉤治雄研究室 (2002) では，日本の不登校児と親，および韓国の自退（退学）傾向にある子どもが書いた文章を手掛かりにして，不登校児と親の感情分析をおこなっている。その結果，学校や学校制度に対する否定的感情は，韓国の児童で高く，教師に対する否定的感情の面では，日本の児童で高い傾向にあることなどが示唆されたが，こうした教育心理学の研究は，いわゆる作文や文章記述という作品を手掛かりにしておこなわれたものである。

ただ，作品法は，作品の判断や解釈の面で，研究者の側の主観が混入しやすいので，複数の人によって評定をおこなうなどの配慮が必要である。

4　質的研究法

■量的研究と質的研究

　心理学の研究は，大きく「量的研究」と「質的研究」の2種類に分けられる。このうち，「量的研究」（quantitative research）とは，主として，本章第1～2節において触れてきた「実験法」や「調査法」，「テスト法」に代表される研究方法のことをいう。量的研究は，実験法や各種の質問紙法，知能検査，性格検査などにみられるように，人間の行動傾向を数量で把握し，統計的な処理をおこなうことにより，あらかじめ設定された仮説を検証しようとするところに特徴がある。その意味で，量的研究は，数量的データを統計的に処理し分析することで，「仮説」の正しさを検証する「仮説検証型研究」であるといえる。

　こうした量的研究は，仮説を設けて，それを検証することが目的であるので，「仮説演繹法」とも呼ばれる。経験的事実だけを，単にたくさん集めたとしても，その経験的事実から，帰納的に真実に到達することはきわめて難しい。そこで，仮説演繹法では，まず，経験的，観察事実から帰納的に仮説を導き，その仮説を演繹的に一般化する。そして，演繹的に一般化された仮説を，実験や調査などによって検証するというプロセスをとる。

　これに対して，「質的研究」（qualitative research）は，逸話記録法や面接法などを用いて，人々の日々の生活における多くの経験的資料，すなわち，事例や個人の経験を，言語記録として記述することで，それらのデータの分析と解釈をとおして，仮説を作り出していくタイプの研究のことをいう。

　質的研究の特徴は，得られたデータを数量化するのではなく，現実に生起した事象を，可能なかぎり具体的に言語で記述するところに特徴がある。質的研究は，データを分析し解釈することで，仮説やモデルを生成していくので，「仮説生成型研究」に相当する。

　以下，本節では，質的研究の例として，エスノグラフィーとグラウンデッド・セオリーを紹介しておきたい。

■エスノグラフィー

「エスノグラフィー」(ethnography) という言葉には，あるフィールドについて記述をおこなった「報告書」(民族誌) という意味と，報告書を作り上げるための「研究方法」という2つの意味がある。

後者の研究方法としてのエスノグラフィーは，人々が実際に生活をしている場 (field) に直接出向いて，データの収集をおこなうので，フィールドワークとも呼ばれる。そこでは，前節で触れた，調査対象の中に研究者自身が入り込んで研究をすすめる「参加 (参与) 観察」や，半構造化面接に代表されるような「面接法」が，主要な技法となる。

エスノグラフィーは，元来，異なる文化の中で生活をしている人々を，そうした人々の視点から理解するための研究方法として，1920年代に，文化人類学において開発されたものである。このエスノグラフィーが，心理学の分野でも注目されるようになったのは，1980年代頃である。

心理学の歴史をふりかえってみても，たとえば，ドイツのヴント (W. Wundt) は，19世紀の後半に，感覚や意識に関する個人心理学における研究方法を「内観」に求めた。彼はまた，思考や問題解決に関する民族・文化心理学の研究方法を「観察・記述」に求めた。しかしながら，その後，心理学の発展過程では，実験や調査という研究方法が大きく台頭し，主流を占める中で，観察法に基づいた研究は，次第に影を潜めるようになった。

しかし，ここ20～30年のあいだに，観察や面接を主としたエスノグラフィーや，後述するグラウンデッド・セオリーに代表される質的研究が，注目されるようになった。

エスノグラフィー研究の特徴は，フィールドとなる人々の生活と直接的に向き合い，そこに参加し，交流をはかる中で，人々 (研究対象者) の視点と外部者 (研究者) の双方向の視点から，人々の日常を微視的，巨視的に観察することにある。そのために，データの収集と分析を繰り返しつつ，それらの過程をとおして，研究の仮説を精緻化し，生成していこうとする点にある。

教育心理学的エスノグラフィーの研究では，人々の行為や発話，相互作用な

どが，データを記述する際の単位となることが多い。たとえば，東小百合（2007）は，八王子市内のひとつの公立中学校をフィールドにして，一年間にわたり，学校に直接赴き，自ら学校生活を体験することにより，教師のニーズを手がかりにしたスクールカウンセラーの役割について，エスノグラフィー的検討をおこなっている。こうした研究では，スクールカウンセラーと教師の発話や行為，信念，教師とカウンセラーの相互作用に関する記述が，研究の重要な単位となっている。

■グラウンデッド・セオリー

「グラウンデッド・セオリー」（Grounded Theory）は，B. グレイザー（B. Glaser）と，A. ストラウス（A. Strauss）によって発展させられたものである。グラウンデッド・セオリーの目的は，データから新しい理論を生み出すこと，発見や理論生成のプロセスを促進することにある。つまり，生成され，浮かび上がってきた理論は，データに「根ざして」（grounded）いるのである。

グラウンデッド・セオリーのプロセスとは，カテゴリーの発見と統合にあるといってよい。グラウンデッド・セオリーは，データを収集し，それらをコーディングし，カテゴリー（概念）を発見し，理論を生み出すプロセスのことをいうが，その手順は，およそ，以下のとおりである。

① データの収集：研究対象者に対するインタビュー（半構造化面接）や観察をとおして，データを収集する。

② コーディング：データをすべて文字にして文章にする。文章化されたデータは，できるかぎり細かく分断する。分断された各部分の内容を適切に表現していると考えられる「コード」（記述的ラベル）をつける。このように，次のステップである「カテゴリー」を発見するまでのプロセスのことをコーディングという（コード化：coding）。

③ カテゴリー化：似通った「コード」はひとつにまとめ，その上位概念となる，より高いレベルの「カテゴリー」（概念）に統合する。

④ 比較分析：カテゴリーと複数のサブカテゴリー，あるいはカテゴリーと

カテゴリーとの関係を見出し，関連づけ，統合し，現象を表現する。つまり，カテゴリー同士を関係づけて現象を説明する理論づくりをする。
⑤ 理論的飽和：新しいカテゴリーを発見できなくなるまで，さらにデータを集め，コーディングをし続ける。つまり，理論的飽和になるまで，データの収集と分析のプロセスを繰り返す。

このように，グラウンデッド・セオリーの特徴は，データから，どのようにカテゴリーを発見し，カテゴリー同士をいかに関連づけ，関係性を確証していくかにある。そこで得られた理論は，こうしたプロセスにおける発展的枠組みであり，最終的産物であるといえる。

5 研究のアプローチの仕方

■ケース研究

「ケース研究」（case study）は，ケース・スタディや「事例研究」とも呼ばれる。ケース研究は，それ自体は研究方法ではない。ある事に対する研究アプローチの仕方のひとつである。ケース研究のデータ収集や分析に際しては，すでに，本章第2～3節で触れてきたテスト法や観察法，面接法，作品法など，さまざまな研究方法が用いられる。個人の「語り」を聞くことに主眼をおいたナラティヴ研究のような質的研究法を用いた事例研究もある。ケース研究は，データ収集やその分析のための方法に特徴がある訳ではなく，分析の単位に，どのようにして焦点をあてるかに特徴がある。

ケース研究の場合，ケース，すなわち，研究の分析単位は，単に，患者や個人にかぎらず，広く，集団や組織，学校，都市，国家などになる場合もある。ただ，教育心理学や臨床心理学では，不登校や学習障害など，主として，児童生徒個人がかかえている課題を，事例研究のかたちで検討する場合が多い。

このように，教育心理学や臨床心理学における事例研究は，生育史や周囲の環境などを考慮しつつ，個人を多面的，総合的に理解しようとするところに特徴がある。研究の手順としては，相談の受理に始まり，生育歴の把握や性格特

性，知的能力の診断や指導，治療，問題解決が図られるプロセスが重視される。また，場合によっては，半構造化面接や参与観察などをとおして，多くの資料を収集することで，多面的に検討が加えられる。

　こうした事例研究の特徴は，①一般的な事柄よりも，個性を具体的に記述する。②個々の事例を深く理解するために，さまざまな情報の統合をおこなう。③時間的経過にともなうプロセスの中で，研究をすすめる点にある。

■横断的研究

　教育心理学の研究において，発達的変化を検討する際の手立てとして，2つのアプローチの仕方がある。ひとつは，「横断的研究」(cross-sectional method)である。異なる年齢や学年のサンプル別に，目的に沿った資料を収集し，それらを比較することで発達過程の特徴を明らかにしようとするものである。

　たとえば，鈎治雄（1987）は，小学1年生から中学3年生までの計5000名余りを対象にして，調査法を用いて，いじめ意識およびいじめられ意識の発達的変化について検討をおこなっている。その結果，「いじめられたことがある」とする小中学生の「いじめられ意識」は，男女ともに，小学校2～4年生をピークに，学年の上昇ともに次第に低下する傾向にあることを明らかにしている。また，中学生段階では，「いじめたことがある」とする「いじめ意識」が，いじめられ意識の割合を上回り，自らの行動を客観的に認知できるようになることを示唆しているが，こうした調査法を用いた研究は，横断的研究の代表例である。

　横断的研究は，発達の一般的傾向を把握する上で有効であり，発達の基準となる資料の大半は，この横断的研究によるものである。

■縦断的研究

　これに対して，今ひとつの研究法は，「縦断的研究」(longitudinal method) と呼ばれるアプローチである。縦断的研究は，同一の人間や集団が，時間の経過や年齢の上昇とともに，どのように発達的に変化していくかを，追跡的に検討

しようとするものである。この方法は，個人や集団と，環境との相互作用の上から，発達的特徴を明らかにしていく上で有効である。

たとえば，小学校の低中学年の段階で，注意欠如・多動症や自閉スペクトラム症と診断された児童が，10年後，20年後に，どのような成長発達を遂げていくかを，時間的経過の中で追跡していく方法が縦断的研究である。縦断的研究によって得られた知見は，個人や集団の発達的変化の様相を時間的経過の中で明らかにしようとする点で，きわめて資料的価値の高いものである。

縦断的研究は，研究対象となる個人や集団を，長期にわたって追跡するので，研究者と対象者とのあいだに信頼関係が求められる。また，時間や経費，さらには労力がかかり過ぎるという問題があるため，教育心理学の中でも，きわめて研究の数が少ないのが実状である。

学習課題

○「実験法」に関する変数について理解しよう。
○「調査法」や「テスト法」とは，どのようなものか説明しなさい。
○「観察法」「面接法」「作品法」のそれぞれの利点とは何か，具体例をあげて考えてみよう。
○今日，なぜ，質的研究への関心が高まっているのか。また，質的研究は，どのような点に特徴があるのか考えてみよう。
○横断的研究と縦断的研究の違いは，どこにあるか説明しなさい。

参考文献

東小百合（2007）「スクールカウンセラーの役割に関するエスノグラフィー的研究——教師のニーズを手がかりとして」創価大学大学院修士論文。
平井昌夫（1971）『文章評価法』至文堂。
勝田守一・五十嵐顕・大田堯・山住正己編著（1979）『岩波小辞典　教育　第2版』岩波書店。
河合伊六・松山安雄編著（1989）『現代教育心理学図説』北大路書房。
鈎治雄（1987）「いじめ問題に関する教育心理学的研究」追手門学院教育研究所紀要第6号。
鈎治雄（1997）『教育環境としての教師』北大路書房。

鈎治雄・吉川成司（1990）『人間行動の心理学』北大路書房。
松山安雄・倉智佐一編著（1984）『教育心理学要説』北大路書房。
三宅和夫・北尾倫彦・小嶋秀夫編（1991）『教育心理学小辞典』有斐閣。
柴山真琴（2006）『子どもエスノグラフィー入門』新曜社。
創価大学鈎治雄研究室（2002）「日本の不登校児と親，および韓国の自退傾向にある子どもの文章作品にみる感情分析」（『教育アンケート調査年鑑』創育社）。
ウィリッグ，C., 上淵寿・大家まゆみ・小松孝至訳（2003）『心理学のための質的研究法入門』培風館。
やまだようこ編（2007）『質的心理学の方法』新曜社。

（鈎　治雄）

第3章　発達の理論

発達を理解することがなぜ教師に重要なのか？

多くの人がよい教師とは，「教科の内容」をよく知っている人，すなわち専門的な知識が豊富な人だと考えている。もちろん内容に関する知識の蓄積も重要であるが，効果的によく教えられる教師とは，子どもや生徒に「何をどう伝えるか」をよく知っている人である。

授業は教師と生徒の間に生まれる生きもの（ダイナミックに変化する学習の過程）であり，決して一方向的な知識の伝達になってはいけない。それならば，子どもに百科事典を読ませる作業とあまり変わりがないからだ。子どもや生徒に，学ぶ喜びを感じさせ学習意欲をもたらすために，教師には，いかに学習内容について子どもや生徒たちとコミュニケーションできるかという一種の能力が必要になる。善悪に対する道徳原理を教える場合，対象が7歳の子どもか，13歳の中学生かによって，教師は異なったアプローチの教授法を用意しなければならない。

心理学者ピアジェは，子どもの学習における準備の程度に応じて個にあった教育（tailor education）をすること，個人差に敏感であること，子どもの発見に基づいた教育をおこなうことなどを強調している。

すなわち，よい教師とは，子どもや生徒の認知的な発達，さらには身体的，社会的，情緒的な発達の特徴や様相をよく知っている人であり，そのうえで子どもや生徒がこれから心身ともによりよく成長するためにどのように指導すればいいかを的確に把握している人だと言えよう。

1 発達の基本概念

■発達とは

人間は受精によって新しい個体としてこの世に生を受けたあと，生存のために必要な機能を習得し，環境に適応する過程の中で常に変化し続ける。発達とは，そのプロセスの連続として理解でき，受胎から死亡に至るまでの，人の一生における心身の構造及び機能の量的増大，質的向上の過程として定義できる。すなわち，人間の発達には，身長・体重の増大など，外部から観察可能な身体の変化としてあらわれる量的な変化だけでなく，知的能力，人格及び社会性の発達など，質的な変化として捉えられる側面も含まれている。

人間は，誕生から死を迎えるまで，心身両面で複雑な変化を繰り返す存在である。そのような人間の発達は，生まれながらの生物学的な要因とさまざまな環境要因との相互作用の連続過程である。したがって，発達過程を理解するためには，生物学的要因（遺伝，身体的特徴，気質など）だけでなく，環境要因（育児経験，親との関係，兄弟数，社会経済的地位，学校環境など）も同時に考えていかなければならない。

最近は，生涯発達（life-long development）という考え方が主流になってきているが，これは人が生まれてから死ぬまでのすべての変化の過程を発達として捉える考え方である。このような観点は，発達をより広く，上昇的な変化だけでなく下降的な変化をも含めて，時間の経過にともなって示される変化の過程として，理解することの重要性を強調している。

「発達」に対応する英語の言葉「development」の語源からも，生涯発達の視点からの発達を理解することができる。この「development」は，日本語では発展，開発とも訳されるが，その語源をみると「develop；巻物をひろげる」であり，人間の発達過程を「もともと持っていた可能性をひろげていく」過程として理解することができる。すなわち，発達は遺伝的にプログラムされた人間の素質が，時間の経過とともに「巻物をひろげる」ように展開していく過程

であり,「それぞれの時期」は「一度しかない本番」であり,それらの生涯にわたる重要な連続過程である。

■発達の一般的な特徴

発達についての理解や考え方に多少の違いはあるが,一般的に次のような特徴がある。

① 発達は連続的な過程である。

人間の心身の発達における変化には,断絶や飛躍などの非連続性がなく,連続的に進行している。ある時期にある機能が突然出現したように見えても,それ以前に準備段階的な過程があり,けっして突発的なものではない。言うならば,1歳までの発達を前提に2歳の発達があり,小学校1年生までの発達は2年生時の発達を促進させる役割を果たしていると捉えることができる。

② 発達には一定の順序がある。

発達は一定の順序にしたがって起こる。たとえば,全身運動は,お座り→はいはい→つかまり立ち→立つ→歩く→走るという順で発達する(図3-1)。また言語では,非叫喚発声(「アー」,「ウー」,「エー」等)→喃語(「ダダダ……」や「ママ……」等)→初語/1語文(「マンマ」,「ダッコ」等)→2語文(ワンワン,バイバイ)→多語文の順で発達する。

③ 発達は分化と統合の過程である。

発達とは再構造化の過程であると言われるように,発達的変化は全体的・一般的な機能から部分的・特殊的な機能へと分化していく。分化は単純に細分化されるだけでなく,分化した部分がつぎの段階では相互依存の関係を持ったひとつの全体に統合されるので,全体としてより高次の行動を可能にする。たとえば,知的発達,情緒発達,社会性発達,身体発達と「分化」するだけで,全体として統合されなければ,発達は構造化の過程とは言い難く,正常な発達も

第3章 発達の理論

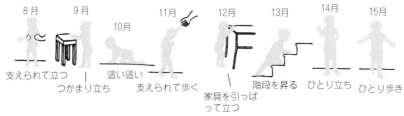

図3-1 運動神経の発達順序
（出所）Shirley, M. M. (1933) The first two years. Child Welfare Monograph, 2. No. 7, Mineapolis: University of Minesota Press.

期待できなくなる。

④ 発達には個人差がある。

　前述のように発達には一般的原理があるが，あくまでも平均的・標準的なものであり，すべての人が同じ時期に同じ水準に到達することは不可能である。個人の心身の構造や諸機能の発達には，性別，環境条件，興味関心，先天的な素質などの違いによる遅速が見られる。このような発達の「個人差」の発見こそが，教育的関わりにおける指導の出発点になる。一人一人の子どもの教育的ニーズに適切に応えるためにも，すべての子どもに発達の個人差が存在することを十分に理解し，その児童や生徒の発達的個人差を考慮し，教育活動をおこなわなければならない。

⑤ 発達は相互に関連し合う。

　人間の身体的，情緒的，知的，社会的な発達は各側面が相互に関わりながら

発達する。たとえば，身体的な側面が発達して歩行が可能となると，活発な探索行動が見られるようになり，その結果として認知的能力が発達する。多くの人々の間に新しい人間関係が形成され，言語能力の発達が促され，社会的意識と行動が発達する。またそれが情緒の発達と結びついて，社会への適応力が高められ，再び行動範囲が拡大するというように，各機能は相互に関係しながら発達する。教育は，このような発達の原理を十分に考慮した上で，児童生徒の発達が相互関連的におこなわれるように，その時々の教育的ニーズに注目する必要がある。

2　発達を規定するもの

■遺伝と環境

　私たち人間の心と身体の発達は，何によって決まってくるのだろうか。環境によって規定されるのか，それとも遺伝によって規定されるのか。

　人間の発達における遺伝と環境の問題は，さまざまな形で論じられてきた。この問題に関しては，古くから「遺伝か，環境か」と議論されてきており，20世紀半ばには心理学の分野でも，発達の個人差を環境的要因に求める環境説と自然的成熟に求める遺伝説を支持する二派が激しい論争を繰り広げた。

　遺伝説は発達が主に遺伝によって決まるとする考え方で，生物の生涯を，生まれながらにプログロミングされた遺伝情報が時間とともに少しずつ形を現してきたものと捉える。この説を裏付けているのが，家系研究法による研究成果である。親やきょうだいは類似した遺伝情報をもっている。家系研究法とは，ある人物やある家族について家系図をさかのぼって調べていく方法である。たとえば，世界的に著名な音楽家のヨハン・セバスチャン・バッハの家系をたどっていくと，有名な音楽家が多く輩出している。また進化論で有名な生物学者ダーウィンの家系でも著名な学者が数多く輩出し，これらのことから，才能は遺伝によって規定されていると解釈された。

　他方，発達が主に環境によって決まるとする考え方は環境説と呼ばれる。環

境説では，生物はもって生まれた情報ではなく，その後の環境によっていかようにでも変わりうると捉える。

　行動主義の代表である，ワトソン（J. B. Watson）は，1ダース（12人ほど）の健康で発育のよい赤ん坊と彼らを育てられる環境さえ与えられれば，子どもの才能や好み，傾向，能力，素質，人種を問わず，彼らを一人残らず医者，弁護士，芸術家，泥棒などのどのような人間にでも育て上げてみせると述べて，彼は人間の行動が環境的刺激によって完全に統制されると強調した。健康な赤ちゃんを彼らの能力や才能，血統に関係なく望みどおりの人間にしてみせると，あまりにも楽観的に言い切った。

　環境説を裏付ける代表的なものに，野性児の研究がある。1920年シング牧師によって発見されたカマラ（推定8歳）とアマラ（推定1歳）の2人の女の子の事例（「狼に育てられた子」）は環境の影響の優位性を示す例として有名である。発見当時，二人は，二足歩行ができず，四つ足で走るか膝と両手を使って這っていた。ことばも狼の吠え声はたてるが人間の発音ではなかった。また，昼間は床にうずくまって壁のほうを向き，他の子どもたちがそばに寄ると，歯をむきだし，いやな声をたて警戒していた。アマラは発見されてから約1年後に亡くなってしまった。カマラが支えなしで歩けるようになったのは14歳，話せるようになったのは17歳であり，それはシング夫人のことを「マー」と呼んだ10歳からさらに7年が経過した後のことであった。この事例は，遺伝的に言葉を話すことができる素質があっても，それが十分実現されるためには，環境からの支持が必要であることを示している。

■相互作用説

　現代の心理学では，遺伝と環境を二者択一的に捉えて，どちらか一方によって発達が決まるとするような単純な論争は姿を消し，遺伝的な要因と環境的な要因が相互に複雑に作用して発達現象が生起すると考える相互作用説が広く支持されている。どこまで遺伝的に規定され，どこから環境要因に規定されているかを明らかにすることは難しいが，「遺伝」も「環境」も心身の発達におい

表3-1 ジェンセンの環境閾値説の各特性の発達

特性	閾値の水準と発達	発達の例
A	貧困な環境でも,遺伝的な要因によって決まる部分が大きい	身長,発語
B	多少劣悪な環境でも,遺伝的な要因に規定された素質は開花する	知能検査の成績
C	適した環境を与えればそれだけ素質は開花する	学業成績
D	非常に適した環境要因がないと開花しない	絶対音感,外国語音韻

ては重要で,両者が複雑に相互作用し合っていると考えられる。

その代表説として,ジェンセン(Jensen, 1969)の環境閾値説*がある。環境閾値説では,さまざまな特性(身長,知能など)の発達は,それを顕在化させる環境的要因の質や量が異なると考えられ,各特性にはそれぞれに固有なレベル(水準),すなわち閾値(素質の顕在化における最低のレベル)があると考えられている(表3-1参照)。

　*環境閾値説とは,遺伝的特性の発現に環境条件が関与し,特性によってその環境要因の水準(閾値)が異なるという考え方である。

たとえば,図3-2で示されるように,身長のような特性は閾値が低く,環境的要因がそれほど好条件でなくても,身長が高くなる素質をもつ子どもなら成長期に身長が高くなる可能性が大きいが,絶対音感及び外国語の音韻などは,閾値が高く,最適の環境条件に恵まれ一定の訓練を受けないと十分に素質が発

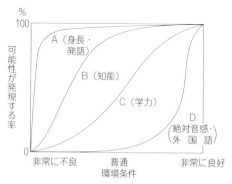

図3-2　環境閾値説
(出所) Jensen (1969).

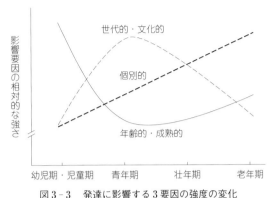

図3-3 発達に影響する3要因の強度の変化
(出所) Baltes et al. (1980).

揮できないとされる。

　またバルテス (Baltes, 1980) らは発達に影響する要因として，年齢・成熟的要因，世代・文化的要因，個人的要因の3要因を想定している（図3-3）。年齢・成熟的要因とは，身体の発達，母国語の習得など，すべての個人に共通する影響因子であり，生得的・遺伝的な要因に規定される。加齢にともないこの要因の影響力は減少する。世代・文化的要因は，ある特定の時代・地域・文化圏に属する個人に共通する影響因子であり，環境的側面の影響を意味する。特にこの要因は，社会への適応，アイデンティティの問題及び価値観の形成など，青年期における心理社会的な側面への影響力が大きい。個人的要因は，個人の興味・関心，生育史上における特殊な経験（兄弟数，両親の離婚・死別，転学など）といった要因である。この要因の影響力は加齢とともに増加する。

　このように，人間の発達は，遺伝的要因のみならず，さまざまな社会的，世代的，文化的な環境要因が個人的要因と複雑に相互作用しながら，主体的且つ能動的に成長・変化する過程として理解することができる。

3 発達の過程

■発達段階

　人間は誕生した時から一生涯を通じ，身体的な成長のほか，言語発達，知的発達，運動能力の発達，社会情緒的な発達などのさまざまな側面で連続的に変化していく。発達心理学ではその変化の過程を，顕著な特徴を手がかりにいくつかの段階に分類して捉える。それを「発達段階」とよび，それぞれの段階の特徴を明らかにし，各発達段階に応じた適切な指導・援助の提供を目的としている。

　代表的な区分として，胎児期（誕生まで），乳児期（誕生から1歳半まで），幼児期（1歳半から6歳まで），児童期（6歳から12歳まで），青年期（12歳から20代前半まで），成人期（20代後半から65歳まで），老年期（65歳以降）の7段階が一般に用いられている。ただし，発達段階を区分する上で，注意しなければならないことは，発達が連続的なものであり各発達段階の境目に明確な線を引くことが困難であることである。発達の速度には個人差があり，年齢によって発達段階を機械的に特定の位置と断定することはできない（たとえば全ての子どもが12歳を過ぎた日からいきなり青年期に入るわけではない）。異なる段階の間には長い移行期が存在し，その移行期には前後双方の期の特徴を示す傾向がある。

　研究者によってさまざまな発達段階のモデルが提案されており，社会的慣習からの区分，精神構造の変化及び特定の精神機能を基準とする区分など，異なる観点からの試みがおこなわれている（表3-2参照）。

　また，心理学以外の分野においては，たとえば，文部科学省の教育機関による区分（幼児（幼稚園），児童（小学校），生徒（中学・高校），学生（大学など高等教育機関））や，法務省では関連法令による区分（少年法では，少年（20歳未満），成人（20歳以上））など，それぞれの目的に応じて分類している。

第3章 発達の理論

表3-2 生涯発達の諸段階

段階	年齢期間	主な特徴	認知的段階（ピアジェ）	心理性的段階（フロイト）	心理社会的段階（エリクソン）	道徳段階（コールバーグ）
胎児期	受胎から誕生まで	身体の発達	—	—	—	—
乳児期	誕生（熟産）～約18か月まで	移動運動の確立 言語の未発達 社会的愛着	感覚運動期	口唇期	信頼 対 不信	前道徳期（段階0）
幼児期	約18か月～約6歳まで	言語の確立 性役割の獲得 集団遊び 就学「レディネス」と共にこの段階は終わる	前操作期	肛門期 男根期（エディプス期）	自律性 対 恥・疑惑 積極性 対 罪悪感	服従と罰（段階1） 互恵性（段階2）
児童期	約6歳～約13歳まで	操作の速さを除いて，多くの認知過程が成人なみになってゆく チーム遊び	具体的操作期	潜在期	生産性 対 劣等感	良い子（段階3）
青年期	約13歳～約20歳まで	思春期の始まり 成熟の終わり 最も高度のレベルの認知の達成 両親からの独立 性的関係	形式的操作期	性器期	同一性 対 同一性拡散	法と秩序（段階4）
成人前期	約20歳～約45歳まで	職業と家庭の発達			親密と連帯 対 孤立	社会的契約（段階5）
成人中期（中年期）	約45歳～約65歳まで	職業が最高のレベルに達する 自己評価 「空っぽの巣」の危機			生殖性 対 自己吸収	原理（段階6または7，いずれにもまれに出現）
成人後期（老年期）	約65歳～死ぬまで	退職 家族や業績を楽しむ 依存性 やもめ暮し 健康の弱さ			完全性 対 絶望	
死	—	特別な意味をもった「段階」				

（出所） ジンバルドー（1980）。

■発達課題

① ハヴィガースト（R. J. Havighurst）の発達課題

それぞれの発達段階には，達成していかなければならない課題がある。個人がそうした課題を達成することで次の段階にスムーズに移行することができ，社会への適応をもたらすと考えられる。

ハヴィガーストは，はじめて「発達課題」（development task）ということばを用いた研究者であるが，彼は，発達課題が，個人の成熟の度合，個人の展望・期待・価値観，そして社会からの要請の3つによって決まるとして，「それぞれの発達段階で学習することが期待され，自ら果たさなければならない種々の課題」と定義する。また彼は人間の生涯を乳幼児期から老年期まで6段階に分け，それぞれに応じた発達課題を提唱している（表3-3）。

特に各段階においては，他人との情緒的な結びつきや関係性の構築，性役割および社会的な存在としての知的技能の習得と役割の発達が重要な課題として強調され，一人の人間としての望ましい健康的な人格形成の過程が提唱されている。

各段階の発達課題の内容は，昨今のそれと基本的に共通する部分もあるが，約60年前のアメリカの中産階級の社会的な信念や養育スタイル，発達観が反映されたものであるため，今日の社会では達成が困難な発達課題も多少含まれている。たとえば，青年期の「職業の選択」，「結婚・家庭の準備」といった発達課題は，現代の社会的現状・要請（高等専門機関など学業継続の選択による経済的独立への困難，不況など経済的変化による就職への困難，晩婚化など）からみるとその達成は期待しにくい。

ハヴィガーストが指摘しているように，発達課題は時代・文化を考えることが重要であり，現代社会において，望ましい人格発達の過程とは何か，それぞれの適切な発達課題とは何かということを，価値観の多様化する社会的要請も視野に入れつつ，それぞれの発達課題の具体的な内容を考えていかなければならない。

表 3-3　ハヴィガーストの発達課題

発達段階	発達課題
幼児期 （0～5歳）	①歩行の学習 ②固形の食事をとる学習 ③話すことの学習 ④排泄の学習 ⑤性の相違を知り，性的慎みを学習 ⑥生理的安定を得ること ⑦社会や物事についての単純な概念の形成 ⑧両親・兄弟，他人と情緒的に結びつくこと ⑨善悪の区分・良心の学習
児童期 （6～12歳）	①日常の遊びに必要な身体的技能の学習 ②成長する生活体としての自己に対する健全な態度の形成 ③友だちと仲よくすること ④男の子として，また女の子としての適切な社会的役割の学習 ⑤読み・書き・計算の基本的な技能の発達 ⑥日常生活に必要な概念の発達 ⑦良心・道徳性・価値観の発達 ⑧個人的（一人の人間としての）独立性へ向けての発達 ⑨社会の諸集団や制度に対する社会的態度の発達
青年期 （12～18歳）	①同年輩の男女と新たな，成熟した関係の形成 ②男性または女性としての社会的役割の達成 ③自分の身体的特徴を受け入れ，身体を有効に使うこと ④両親・他の大人からの情緒的独立の達成 ⑤経済的な独立について自信を確立 ⑥職業の選択，それの準備 ⑦結婚と家庭生活の準備 ⑧公民的資質に必要な知識と態度の発達 ⑨社会的に責任のある行動を望み，それを達成すること ⑩行動の指針としての価値や倫理体系の獲得

発達段階	発達課題
壮年初期 （18～30歳）	①結婚相手の選択 ②配偶者との生活の学習 ③第一子を家族に加えること ④子育て ⑤家庭の管理 ⑥就職 ⑦市民的責任を負うこと ⑧自分に適した社会的集団の選択
中年期 （30～55歳）	①市民的・社会的責任の達成 ②一定の経済的生活水準の構築・維持 ③10代の子どもたちが信頼できる大人に成長できるよう援助 ④余暇活動の充実 ⑤配偶者と人間として関係を構築 ⑥中年期の生理的変化を受け入れ，それに適応 ⑦年老いた両親への適応
老年期 （55歳～）	①肉体的な力，健康の衰退への適応 ②隠退と収入の減少に適応 ③配偶者の死に適応 ④同年齢の人と明るい親密な関係を結ぶこと ⑤社会的・市民的義務の引き受け ⑥肉体的に満足な生活を送る準備

（出所）　Havighurst（1953）.

表3-4 フロイトの発達段階

段階	年齢	リビドーにかかわる要素
口唇期	0～1,1歳半	口唇と授乳
肛門期	1歳,1歳半～3,4歳	肛門,排泄のトレーニング
男根期	3,4歳～5,6歳	性の識別(男らしさ・女らしさ)
潜伏期	5,6歳～11,12歳	(リビドーは潜伏する)
性器期	11,12歳～	本来の意味での性衝動(異性愛)

② フロイト(S. Freud)の発達課題

　精神分析学の創始者として有名なフロイトは,人の人格形成に幼少期の経験が非常に重要であると考え,精神分析の立場から深層心理を追求し,独自の発達段階の考え方を発展させた。特に彼は人間の行動を起こさせる精神的な原動力は「リビドー」(性的欲求のエネルギー)であると考え,リビドーの快感充足部位(性感帯)が発達とともに変化すると主張した。言い換えれば,幼児も性衝動をもち,それぞれの発達段階において,中心的に現れる快感を得る重要な身体部位を適切な方法で充足させることが,望ましい人格発達につながり,リビドーが抑圧されたり挫折を経験すると,その身体部位の欲求に固着が生じ,年齢的な成長に関係なく充足されなかった段階への退行現象が起こると想定した。表3-4はフロイトの発達段階を簡単にあらわしたものである。

Sigmund Freud(1856～1939)
　フロイトは1856年オーストリアのフライベルクで商業を営む父(40歳)と母(20歳)のもと長男として生まれた。幼少時代から秀才でウィーン大学の医学部に進学し,1886年精神治療の個人診療院を開業。その後パリで催眠法について研究し,1895年「ヒステリーに関する研究」を出版。しかし,その後催眠法の効率性について疑問をもち,催眠ではなく「自由連想法」を用いた新たな精神分析学の先駆者として活躍。その後「夢の解釈」を出版し世界的な名声を摑んだ。1938年ロンドンに亡命し,83歳で他界するまで,彼は生涯を通して精神分析理論を修正・発展させ,20世紀の心理学のみならず文学などさまざまな知的分野に幅広く貢献した。

③ エリクソン (E. H. Erikson) の発達段階

　フロイトの心理・身体的発達理論に影響を受け，その上で，各発達段階において自我の発達に重要な発達課題が存在すると考えたエリクソンは，性衝動の側面だけでなく，人の性格発達と情緒発達，また社会的な環境と性格発達の関係にも注目し，心理・社会的な側面から独自の発達理論を提唱した。

　特に，彼は，表3-5のように，各段階における心理社会的挑戦を意味するそれぞれの「危機」の存在を強調し，その葛藤の克服過程が人間の発達の主要因であると想定した。

　たとえば，「吸う」という自我様式をもつ口唇期の子どもの場合，その欲求を充足させる過程において自我様式は満足と挫折など一種の危機を経験するが，挫折より満足の経験の割合が多ければ（たとえば，飢えや渇きが満たされ自分の不快な状況が改善させるなど），正の側面（口唇期の場合は「信頼感」）を示す肯定的な自我発達へとつながり，逆に満足より挫折の経験が多ければ，その危機はうまく解決されず阻害されて負の側面（「不信感」）へ傾き，信頼感を獲得することに失敗してしまうと考えた。この場合，否定的な側面を経験しないことが望ましいわけではなく，両者をともに経験し総体として肯定的な関係を築けることが「信頼感」の獲得につながり，それが人生の最も初期の段階にあたる乳幼児期の重要な発達課題といえる。

　次に，エリクソンの提唱した発達段階の発達課題について乳児期から青年期まで簡単に説明する。

【乳児期（0～1歳，1歳半）〈信頼感 対 不信感〉】

　エリクソンによると，乳児は養育者からの授乳などの適切な行動を通して，信頼感が形成され，身体的・精神的安定を得る。またこの時期に形成された基本的信頼感（basic trust）・不信感は一生を通して持続し次の発達段階に重要な役割を果たすとされる。

【幼児期初期（1歳・1歳半～3歳，4歳）〈自律性 対 恥・疑惑〉】

　この時期の子どもは養育者から排泄トレーニングを受ける。幼児は親からのしつけによって初めて自己統制できるようになり，自らコントロールすること

表3-5 エリクソンの心理社会的発達段階

発達段階	A 心理・性的段階	B 心理社会的危機	C 重要な対人関係の範囲	D 基本的強さ	E 中核的病理 基本的不協和傾向
Ⅰ 乳児期	口唇―呼吸感覚―筋肉運動段階	信頼 対 不信	母親的人物	希望	引きこもり
Ⅱ 幼児期前期	肛門,尿道,筋肉的	自律性 対 恥・疑惑	親的人物	意志	強迫
Ⅲ 遊戯期（幼児期後期）	幼児―性器的,移動的	自立性 対 罪悪感	基本家族	目的	停止
Ⅳ 学童期	潜伏期	勤勉性 対 劣等感	近隣 学校	適格	不活発
Ⅴ 青年期	思春期	同一性 対 同一性拡散	仲間集団と外集団（リーダーシップの諸モデル）	忠誠	役割拒否
Ⅵ 成人期前期	性器期	親密さ 対 孤立	友情・性愛,競争,協力の関係におけるパートナー	愛	排他的
Ⅶ 成人期	（子孫を生み出す）	生殖性 対 停滞性	（分担する）労働と（共有する）家族	世話	拒否性
Ⅷ 老年期	（感性的モードの普遍化）	統合 対 絶望	人類 わが種族	英知	侮蔑

（出所） Erikson（1959）より作成。

を学ぶ。しかし親の過度なしつけや失敗の繰り返しを通して統制能力を失い恥や疑惑を覚えるようになり，この時期における克服過程はその後の発達における自己統制力の基礎となる。

【幼児期後期（3歳，4歳半〜5歳，6歳）〈自主性 対 罪悪感〉】

　この時期の幼児は，外界に対して積極的に興味・関心を示し，自らの活動を

計画し，目標を立てそれに向け活発に動き始める。そのような行動や自己主張が大人にほめられたり，ポジティブに受け入れられると自主性が高まるが，他者と衝突したり非難されると自分の行動や主張に対して罪悪感をいだくようになる。これらの結果は良心や道徳性の発達に影響する。

【学童期（5歳，6歳半～11歳，12歳）〈勤勉性 対 劣等感〉】

　エリクソンによると，この時期は児童期の自我の成長に決定的な段階で，児童は学校で勉強しさまざまな課題に誠実に取り組むことで勤勉性を獲得する。一方学校や家庭で与えられた課題に積極的に取り組めず適度な達成感を味わえない場合，劣等感に陥る。そういった意味から，この時期においては，子どもの才能を発見し励まし適切に指導を与える親や教師の存在が非常に重要である。

【青年期〈同一性 対 同一性拡散〉】

　エリクソンの発達理論の核心は，青年期の発達を説明する自我同一性（ego-identity）の概念にある。彼によると，自我同一性の危機は「自分とは何か」(Who am I?) という疑問から始まり，青年期はその答をみつける時期としてその過程で経験する自己評価に対する葛藤とその克服の過程が自我同一性の確立につながる。また自我同一性の確立には，(1)自分に対する連続性・一貫性の

Erik H. Erikson（1902～1994）
　エリクソンは，1902年ドイツのフランクフルトでデンマーク人の父とユダヤ人の母の間に誕生した。出生前に両親が別れ，3歳までは母のもとで暮らし，その後，母親はユダヤ人の小児科の医者と再婚した。幼少時代のエリクソンは，金髪碧眼の北欧的な外見からユダヤ人の友達からは「異教徒」といじめられた。こうした経験がその後の心理・社会的な危機と同一性の混乱に対する彼の研究の基礎になったと思われる。高校卒業後は喪失感と未来への不安を抱き，放浪の旅へ。その後，アンナ・フロイトの指導下で児童精神分析の勉強をしたことが，彼の心理学との出会いとなった。その後，アメリカに渡り，イェール大学，カリフォルニア大学などを経て，ハーバード大学で教鞭を執った。彼の代表的著書には，『幼年期と社会』(1950)，『自我同一性』(1968)，『ガンジーの生涯』(1969) などがあり，特に『幼年期と社会』では，人の人生を8つの段階に区分しその発達過程について明らかに示した。

確立(過去・現在,そして将来も変わらない一貫した自分),(2)一つの自我としての統合(自分からの私と,他者から見られる私など,自分に対するさまざまな側面を一貫性のある一つの自我として確立),(3)自分の特殊性(自分らしさ)の確立,の3つの目標の達成が必要であるとした。

このアイデンティティの危機は現代社会の青年期の発達を説明する有効な理論として評価されている。

[学習課題]
○発達の特徴について説明しなさい。
○発達の相互作用説について説明しなさい。
○発達課題とは何か説明しなさい。

参考文献

Erikson, E. H. (1959) *Psychological Issues : Identity and the Life Cycle*, International Universities Press. (小此木啓吾訳編 (1973)『自我同一性――アイデンティティとライフ・サイクル』誠信書房)

Baltes, P. B., Reese, H. W. & Lipsit, L. P. (1980) Life-span developmental psychology, *Annual Review of Psychology*, 31, Pp. 65-110.

Havighurst, R. J. (1953) *Human Development and Education*. (荘司雅子訳 (1958)『人間の発達課題と教育』牧書店)

Jensen, A. R. (1969) How much can we boost IQ and scholastic achievement, *Harvard Education Review*, 39, Pp. 1-123.

Piaget, J. (1947) *La psychologie de l'intelligence*. (波多野完治・滝沢武久訳 (1982)『知能の心理学』みすず書房)

山口勝己 (2007)『子ども理解と発達臨床』北大路書房。

ジンバルドー, P. G., 古畑和孝・平井久翻訳 (1981)『現代心理学Ⅲ』サイエンス社。

推薦図書

森正義彦編著 (1986)『教育心理学要論』有斐閣双書。

無藤隆・岡本祐子・大坪治彦編著 (2009)『よくわかる発達心理学 第2版』ミネルヴァ書房。

二宮克美編著 (2004)『発達心理学』新曜社。

(李　和貞)

第 3 章　発達の理論

コラム　韓国の教育事情：休みを知らない子どもたち

　「午前 9 時から午後 2 時30分」までは学校での授業，午後「3 時から 5 時」まではパソコン教室，「5 時から 6 時」まではピアノ塾，「6 時から 7 時」までは夕食，「7 時から 7 時30分」までは漢字学習紙（通信教材）の自習，「8 時から 9 時」までは家庭教師による英語学習，「9 時から11時」までは宿題と日記…。
　これは韓国の新聞（中央日報，2002.11.12付け）に紹介されたソウルに住む小学校 5 年生 K 君のある日課である。今韓国では K 君と同じようにハードな過密スケジュールで毎日を過ごす休みを知らない子どもがたくさん存在する（放課後 1 時間以上塾に通う小学生は，東京58.2％，ソウル78.1％，北京56.4％（2007年調査）で，特にソウルの場合はそのうち 3 時間以上が約 4 割を占める）。
　十数年前から，韓国では就学前の早期教育や英才教育などが流行し，母親が子どもを連れて英語圏に留学するケースが年々増えている。そして残った父親が一人で留守番をしながら経済的に支えるのが一般的であるが，そういう家族形態の父親を韓国では「キロギ・アパ（雁パパ）」といい，十分に家族と会えない父親の孤独感が「雁」という呼び方（名）に象徴されている。
　今韓国でも少子化が進み，新しい大学の設立がブームである。そのため，受験生の負担が軽減されると期待されていたが，その期待とは裏腹に，早期留学など別の形で競争社会を助長する激しさが目立っている。特に少子化問題においては，15歳から49歳までの韓国の可妊女性の出産率は一人当り1.25人（2015年調査）で，経済協力開発機構（OECD）加盟国中最低水準まで落ち込んでいる。これは日本やフランスよりも低い数値であるが，その背景には女性の社会進出・晩婚化などの要因だけでなく，こういった教育事情を背景として高い私教育費などへの経済的負担や「子どもを教育する」ことへの不安など，出産をためらう複数の要因が存在する。高学歴志向の風潮の強い社会的な特殊性を懸念し，私教育の現状に異を唱える人も多い。*The Hurried Child* の著者である Edward Zigler（1987），David Elkind（1981）のような発達心理学者たちも早期教育や子もたちの教育的圧迫について憂慮している。
　少子化が進み，家庭の子どもへの教育的関心がさらに高まる現代社会において「よりよい教育をさせたい」とわが子の教育環境に敏感になることは親の自然な心理であろう。教育の在り方が大きい社会問題となった今こそ，子どもの発達環境を捲って，親，教師，国は互いの利己主義を捨てて，真剣に意見を交わす必要があると思われる。
　教育が大きい社会問題となった今こそ，教育のあり方について，親，教師，国が，互いの利己主義を捨てて，真剣に意見を交わす必要があると思われる。教育の目的を単なる有名大学への入学や国家的レベルの利益に帰結させるのではなく，教育者の牧口常三郎が指摘しているような「教育の目的は子どもの幸せ」といった根本理念から見直す必要がある。そして，子どもたちの「何のために学問を探求するのか」といった学問に対する目的観を確立させ，その中で社会還元的な生き方を育む教育システムを求めていくべきである。　　　　　　（李　和貞）

第4章　発達の諸相

以前，筆者は論文執筆のため東京にある保育園，幼稚園に何ヶ月間か通ったことがある。毎日子どもと接してみて強く感じたことは，子どもの遊びの世界のダイナミックさである。特に，最も興味深く印象に残っているのは，2歳から5歳の子どもに現れるシンボル遊び，つまり模倣の世界である。2歳前後の子どもにコップを渡せば何も入ってないのに飲むマネをしたり，布巾を渡すとこぼれたジュースを拭うようなマネをする。11ヶ月から13ヶ月の間に出現するシンボル遊びは，最初は，飲む，食べる，寝るなど普段の生活の動作から始められるが，成長とともにかなり複雑なシンボル遊びへと展開する。赤ちゃんを寝かせたり，料理をしたり，ソファに座りパパのように新聞を読むマネをする。3歳以降では，シンボルの活用がもっとも盛んになり，遊びの中で子どもは独創的な発想で言語を用いたりもする。ファンタスティックな世界へのめり込み，お互いのイメージを伝え合い，さらにはイメージの共有へと発展していく。

　お庭で遊ぶ子どもを観察してみると，庭自体が子どもの遊び道具であふれていることがわかる。小さな石ころから木の枝まで何一つ子どもにとって無駄なものはない。石ころはときにはご飯やお金になり，手のひらより大きな葉っぱは帽子になりフライパンになり飛行機にも生まれ変わる。さらにもっとも複雑なシンボル遊びである「ごっこ遊び」では，子どもは遊びのシナリオを作りそれぞれの役割を決め，たとえば，ママやパパそして幼稚園の先生などのマネを通して大人の役割を学習し，豊かな想像力の世界を展開させる。必要であればシナリオを修正するために遊びを中断する場合もある。遊びは単に子どもが楽しく活動するための時間だけでなく，社会的なスキルの発達においても重要な役割をする。

　さらに，子どもの言語発達，認知発達においても，そして情緒的な安定感の形成においても間接的に影響する。豊かな想像力の世界を展開させる。必要であればシナリオを修正するために遊びを中断する場合もある。多くの研究で，子どもの遊びが，彼らの社会的なスキルの発達にとって重要な要因であることが指摘されてきたが，それだけでなく，遊びは子どもの言語発達，認知発達そして情緒的な安定感の形成に間接的に影響する。遊びを通して，子どもは社会の一員として学習し準備をするようになる。遊びは，就学前の子どもが経験する最も複雑な社会的相互作用として，子どもの発達を促す必ず必要な活動であり，重要な学びの時間である。

1　ライフコースにおける発達の特徴

■胎児期

　胎児の発達は，母親の胎内における発達であるがために，人生のどの段階よりも環境要因の影響が大きく，場合によっては身体及び精神的障害などの致命的な結果を招くことがある。環境要因としては，母の栄養状態，病気，情緒の状態，年齢，飲酒や喫煙等の薬物摂取の有無などがあげられる。コカインやヘロインなどの麻薬類の摂取は，乳児に心臓の機能障害，知的障害及び学習障害をきたす可能性が大きい。胎児の発育に影響を及ぼす環境要因を理解することは，胎児期の発達を理解する上で重要な課題となる。

　また最近の研究から，胎児の聴覚は妊娠7ヶ月目頃から機能していることが示唆され，胎児は生まれる前から母親の声を聞いていることになり，このため乳児は母親の声を記憶していると言われている。

■乳児期

　生まれてからほぼ1年半の間の時期を乳児期という。人間の赤ちゃんと他の高等な哺乳動物を比べてみると，たとえば，馬は生まれたときから感覚機能や運動機能が十分に備わっていて自力で移動して母親の乳を飲むが，人間の赤ちゃんはハイハイもできないほど運動能力が未熟なまま生まれてくるため，その生命の維持には他者の援助が絶対的に必要になる。ポルトマン（A. Portmann）はこの点に注目し，人間の誕生を「生理的早産」と呼んだ。

① 乳児の知覚能力

　新生児はほとんど目が見えないという長年の定説があったが，今では0.03程度の視力はあるといわれ，生後3ヶ月の乳児は母親の顔と他の女性の顔の区分ができるようになり（Barrera & Maurer, 1981），基本的な知覚能力は生後1年間に発達しほとんどが完成する。

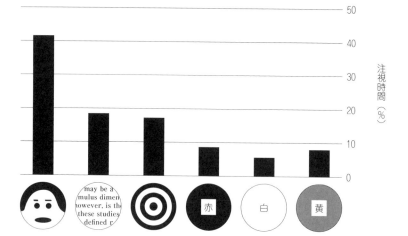

図4-1　乳児の注視時間の割合
(出所)　Fantz (1961).

　乳児の知覚実験装置を考案したファンツ (R. L. Fantz, 1961) は, さまざまな形態の物体を乳児に見せ, その注視時間を測定し乳児の知覚の弁別力及び選好性を明らかにした。ファンツによると, 乳児は形や色彩を区分し, 単純なパターンよりは複雑なパターンを, 平面よりは立体を, 無色よりは有色を, 単純な図形よりは人の顔のような図形をより長く注視し, 予想以上に優れた知覚能力をもっていると考えられる (図4-1)。また8週から12週の乳児は, 人の顔の中でも目を注視する時間が一番長く, 社会的な相互作用の重要な信号として, 人の顔と目の意味を理解していることが示唆されている。

　また, ギブソン (E. J. Gibson) らは, 視覚的断崖と呼ばれる図4-2のような装置を用いて, 生後5～6ヶ月の乳児の奥行知覚の研究をした。その結果, 9割以上の子どもが深い側には渡らないで浅い側に止まっている。すなわち, ハイハイできるようになった子どもの殆どは, 奥行知覚をもち, 断崖を怖がるようになることを示す。奥行き (深さ) の弁別ができることを明らかにした。さらに2ヶ月児においても, 心拍数が高まるなど, 奥行き知覚の判別能力がすでにあることが証明されている。

第4章　発達の諸相

この装置は床面から透明ガラスまで約1メートルの奥行きがあり，乳児を台上にのせて向こう側から母親に呼びかけてもらう。実験ではその呼びかけに乳児が奥行きのあるエリアに踏み込んだり，ハイハイで入ろうとするかどうかが観察された。

図4-2　視覚的断崖の実験装置

　またこの実験装置を用いて，乳児の「社会的参照」(social referencing) 行動といわれる乳児のコミュニケーション能力の高さが示された。「社会的参照」とは，曖昧な状況下で，子どもが身近な他者の情動表出を自分の行動を導く重要な情報（手がかり）として利用することを意味する。実験では，奥行きのあるエリアに踏み込んで入ろうとしない12ヶ月の乳児でも，母親が微笑んで働きかけると，ガラスの上にのって母親に近づいていくが，母親が怖がっている表情をすると，乳児はけっしてガラスの上にはのらなかった。つまり，乳児は大人が「〜したらダメ！」，「危ない！」等の意味を含んだ表情をするとその状況から「禁止」，「危険」等の意味を読み取り，身近な他者の喜び，同意，不安，否定などの情動を，自分の行動の適否や安全性を判断する手がかりとして利用する。

② 初期経験の重要性：母子関係の形成

　母親（第一養育者として存在）は乳児が生まれて始めて出会う重要な人物であり，子どもはその関係性の形成を通して他者や世界への認識を深め人との情緒的な絆を形成していく。

　乳児が母親に依存するのは，生得的欲求を満たすためなのか？　あるいは，母親が乳児に乳をあげ生理的欲求を満たすことを通して学習される社会的に獲得される欲求なのか？

　ハーロウ（H. F. Harlow）は，この問題を調べるため，生まれたばかりの子ザルを母親から離して2種類の代理母のいる檻の中で育てた。一方は針金製，他方は表面に布を貼り付けた布製の母親であり，実験条件では子ザルの半数は針金製の母親からミルクをもらえ，他の半数は布製の母親からもらえる仕組みになっていた。ハーロウは，子ザルがどちらの代理母に依存しているかを一緒に過ごす日常の時間で捉え，165日間観察したが，実験の結果，子ザルの行動には次のような特徴が見られた。

・飢えを解決してくれるか否かにかかわらず，布製の母親にくっついて過ごす時間が圧倒的に多い
・針金製の母親にはミルクを飲むときだけしがみつく
・音を出しながら動くロボットなど，恐怖状況を誘発するものを見せると，布製の母親にしがみつく

　このような結果から，ハーロウは，生理的欲求の充足とは独立して接触による慰めが重要であること，つまり，母親との肌の触れ合い（スキンシップ）が子どもの成長に必要な要因であると主張した。特に，生後1年は親密な対人関係形成において重要な時期である（Rutter, Quinton, & Hill, 1990）。子どもが母親に見せる心の結びつきを「愛着」（attachment）という概念で初めて主張したボウルビィ（J. Bowlby）は，発達の初期段階における養育者との関係性の形成が，子どもの社会情緒的発達においてきわめて重要な要因であると強調した（愛着理論については第3節参照）。

③ 言語の発達

　新生児は泣いたり笑ったりして気持ちを表し，それを自分の気持ちを伝えるコミュニケーションの手段として利用している。生後7ヶ月頃には「ババババ……」，「ダダダ……」というような同じ発声を繰り返す喃語（なんご）がみられ，その後，それが「バブバブ……」のように異なった音を組み合わせる非重複性の語に変化し，さまざまな声を発するようになる。やがて10ヶ月頃から意味をもった言葉を発するようになるが，それを初語（有意味語）といい，1～2歳までは，一つか二つの言葉の発話（一語文・二語文）を通して自らの意思や気持ち・要望を伝えるコミュニケーションの手段とする。この際用いられる一語文や二語文は，子どもにとっては完全な文章と同じである。またこの時期の子どもは意思伝達のために抑揚を用いることもでき，同じ単語でも異なるメッセージを伝えることができる。次は，一語文の例である。

　　　　「ワンワン」⇒　意味：「これは犬だ」
　　　　「パパ」　　⇒　意味：「パパが帰ってきた」
　　　　「マンマ」　⇒　意味：「これは食べ物だ」
　　　　「マンマ！」⇒　意味：「食べ物を下さい！」
　　　　「ダッコ！」⇒　意味：「ダッコしてほしい！」

　1歳半頃には50語ぐらいになり，2歳から4歳までは6ヶ月毎に獲得語彙は2倍となり，4歳児までに少なくとも2000語，6歳児が8000～14000語，小学校6年生で80000語まで増加する。特に5～6歳までには，母国語の基礎的なものがほとんど習得され，日常生活上のやりとりにほとんど不自由しなくなる。この時期は言語習得において大変重要な時期で，環境要因の影響も極めて大きいと考えられる。人間の言語発達は適切な時期まで言語的な環境に接していなければ，その獲得が非常に難しいとされ，その言語習得の臨界期（敏感期）は10～12歳頃までと言われている。

■幼児期

　自分に対する意識（自己意識）は，何歳からめばえてくるのだろうか？

　子どもに自我がめばえているかどうかを調べる方法として，ルイス（Lewis, M.）のルージュテストが有名である。ここでは鏡の中に映る自分が自分として認知できるか否かが重要な指標として捉えられ，こっそり幼児の鼻の先に口紅で色をつけ，その後幼児に鏡をみせ，幼児の反応を観察する。もし幼児が鏡に映る自分の姿（鏡映像）を認識し，鼻の先に手をもっていき口紅をとろうとするなら，その幼児には自我がめばえているとされる。実験の結果では，1歳以下の子どもはまるで他人を見ているように自分の鼻には無反応で，生後15～18ヶ月が約2割，2歳前後には7割の子どもが自分の鼻に手をもっていく反応を示し，2歳前後が自我のめばえる時期として考えられた。このことは，人間の自我意識は，はじめから確立されているものではなく発達の過程の中で形成されるものと示唆している。

　自我のめばえは，幼児が他者と自分を区分し，周りの人に自分の意思を伝えるいわゆる自己主張への始まりとなる。3歳から5歳の幼児は，認知発達とともに自我認識も大きく発達する。この時期の子どもは運動機能も発達し好奇心も旺盛で自分の意思で主体的に動こうとする。また「わたし（ぼく）」などの一人称を使い自分の好き嫌いや所有物を表現し（たとえば，「わたし（ぼく）はアイスクリームが好き」，「わたし（ぼく）はクマのぬいぐるみを持っている」など）また自分と自分の身近な人の所有物に執着する反応をよくみせる（たとえば，「これはわたし（ぼく）のもの」，「これはわたし（ぼく）のママのもの」など）。しかしまだこの時期は「私はやる気がある」とか「私は幸せだ」などの心理的自我（psychological self）の表現はできず，物理的自我（physical self）に留まっている。

　また生活の習慣形成の面においては，親との日常のやりとりの中で親からの注意・しつけを受けることが多いが，その際，「いや！」とはっきり拒否しながら，暴れたり泣きわめいたり欲求不満を反抗的な態度で示すことがある。この親への拒否・反発行動の見られる3歳前後の時期を，青年期の反抗期と区分

第4章 発達の諸相

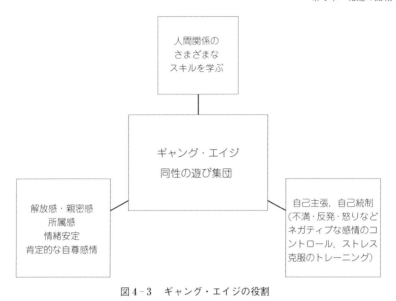

図4-3 ギャング・エイジの役割

し「第一反抗期」と呼ぶ。

■児 童 期

　日本の学校制度で小学生の時代に相当する児童期は，本格的な集団生活が始まり，さまざまな人間関係が急激に増加する時期である。特に，中学年になるとクラスメートを中心とした親密な仲間集団を自主的に作り，親に対する心理的な依存はまだあるものの，行動は親から離れ仲間との関係を大切にするようになる。遊びの場面でも仲良しグループを形成し仲間との秘密基地を作ったり，独自のルールや合言葉・暗号を共有したり，大人の干渉や束縛をさけて自分たちだけで行動しようとする。この時期を「ギャング・エイジ」(gang age)（徒党時代）といい，その仲間集団を「ギャング・グループ」(gang group)（徒党集団）と呼ぶが，ギャング・グループは，児童期の社会性の発達のみならず，心理・情緒安定，ネガティブな感情のコントロール，肯定的な自尊感情の発達など，いろいろな側面に影響する（図4-3）。

現代社会は食生活の改善や生活環境の変化などから子どもたちの体格や性的成熟が昔の子どもたちと比べ向上しているが，それを「発達加速現象」という。（たとえば，11歳の子どもの身長は，1950（昭和25）年の平均131 cm から，2014（平成26）年の平均146 cm（145.05 cm，女子146.97 cm）とかなり伸びている。一方，身体的な発達と精神的発達のギャップが大きく非行や反社会的行動の低年齢化が社会の深刻な問題点として指摘されている。

　日常生活面においては，中学校受験のために塾に通ったり習いごとをしたり，また核家族，共働き，少子化による家族の生活様式が大きく変動し，子どもたちのギャング・グループ形成にも変化が現れていると考えられる。子どもたちの一人で過ごす時間が増加し，テレビゲーム，インターネット，マンガなど，友達がいなくても困らない娯楽の道具が生活にあふれており，昔と比べ人間関係が希薄になりつつある現状である。

　ギャング・エイジに代表される遊びの社会心理的な役割を考慮したとき，現代社会の子どもを取り巻く社会環境要因について，親や教師など社会全体が児童期の子どもの発達的な観点から真剣に考えていく必要がある。

■青 年 期

① 心理的離乳と第二反抗期

　青年期とは，12歳頃から25歳頃までの時期をさし，中学・高校生の時代に当たる16，17歳までを青年期前期，それ以降の時代を青年期後期と区分することもある。児童期の終わり頃から急激な身長の伸びや，第二次性徴（声変わり・初潮や射精の開始など）が出現することにより，児童期から青年期に移行しつつあるとみなすことができる。

　児童期から青年期にかけて，悩みの種類も児童期の単純な悩みから，複雑で自我の中心にかかわる悩みへと変容する。急激な身体的・心理的変化に対する混乱や戸惑い，性的発達による性の悩み，異性に対する恋愛感情や友人関係の悩み，他者からの評価を気にし，特に自分の身体的な容貌や能力に対しての悩みで落ち込むなど，さまざまな悩みから自分自身を過大評価したり過小評価し

ながら，今までもっていた自分自身に対するイメージの修正に迫られる。

　また青年期は自分の気持ちや感情を素直に言葉で表現することが困難な時期であり，親からの問いかけに対して「うるさい！」などを発したり，理由もなく怒りを親に激しくぶつけたりすることもよく見られる。これは青年期の自我の発達にともない親や教師など権威あるものに反発し，大人からの干渉を避けたいといった心理的状態を表すが，この親との一定の距離をおこうとする心の働きを心理学では「心理的離乳」といい，幼児期の反抗期と区分する意味から「第二反抗期」と呼ぶ。この時期の心理的離乳は，精神的に親から独立し，一人前の自立した成人へと成長する重要なステップである。

② 自我同一性（ego-identity）の発達

　エリクソン（E. H. Erikson）は，青年期の発達課題として「アイデンティティの獲得」をあげている。アイデンティティとは「自分とは何ものなのか」，「自分はどういう存在か」，「どう生きるべきか」などの問いに対する，生きていく主体としての一貫した自己の定義であり自我同一性とも言われる。つまり，アイデンティティは，時間や場所が変化し社会的状況が変わっても「私は私である」と言える「本当の自分」である。また，エリクソンは青年期を「モラト

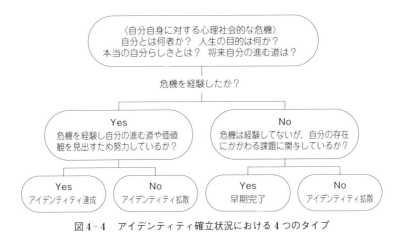

図4-4　アイデンティティ確立状況における4つのタイプ

リアム（債務債権決済の猶予を意味する経済用語）」期間と呼び，アイデンティティ確立のために，さまざまな面から一人前の大人としての責任や義務が一時的に猶予される期間であるとみなし，アイデンティティ確立を青年期の重要な達成課題として強調した。

またマーシャ（Marcia, 1987）は，アイデンティティの確立状況を「危機」と「積極的関与」の体験の有無により4つのタイプに分けて説明したが，ここで危機とは，自分とは何かという問いに対して答えをみつけようと思い悩むことを指し，積極的関与とは，見つけた答えを実現するために具体的な努力をすることを意味する。図4-4は，アイデンティティ確立状況における4つのタイプを示したものである。

2 認知発達——ピアジェの認知発達理論

人が周囲の出来事を受け止め，どう考えるかを認知という。そこには見る，聞く，覚える，考えるなどの知的な働きが関係する。子どもの認知能力の発達についてはスイスの心理学者ピアジェの認知発達理論がもっともよく知られている。彼は人間が生まれて成長していく過程で，いかに情報を集め抽象的で論理的な思考ができるようになるのかについて関心をもち，初期の研究においては自分の3人の子どもを対象にさまざまな実験をおこなった。ピアジェ（J. Piaget）の認知発達理論の基本概念として，以下の4つの機能がある。

◆シェマ（schema）

シェマとは，人間が環境に適応していくために用いる認知構造を指し，経験によって形成され，認知的な不調和を感じたときは次の同化と調節という認知機能に用いてシェマを変更する。

◆同化（assimilation）

同化は新しい知覚的，運動的，概念的な情報や経験を既存のシェマに統合・取り入れる作業である。

◆調節（accommodation）

表4-1　ピアジェの認知発達の段階

段　階	年　齢	特　徴
感覚運動期	誕生～1歳半，2歳	イメージや言語発達が不十分。感覚・運動（見たり，触ったりなど）を通して対象を知る。
前操作期	2～7歳	言語が発達し，イメージを豊富に取り入れた遊びが盛んになる。自己中心的な思考が優先され，表面上の知覚に左右される直感的思考が見られる。
具体的操作期	7～11歳	保存の概念がしだいに完成し，具体的なものについて操作＊できるようになる。
形式的操作期	11歳以降	仮説を立てて論理的に考えられ，高度の抽象的な推論の操作が可能で，反省的思考能力をもつ。

＊「操作」とはこころの中で考え，外界の事象をうまく処理できるようになっていくことを指す。

新しい事柄に適応するためシェマ自体を変更し適応していくことを指す。ピアジェによると，人間は同化と調節を繰り返しながらより高度な認識，抽象的で，論理的な思考へとたどり着くのである。

◆平衡化（equilibration）

同化と調節の間に均衡を保つことを平衡化という。たとえば，マジックショーを見る観衆が，帽子の中から鳩が出てきて不思議に思ったり，箱の中の人が消えて驚いたりするが，それは非平衡化状態である。トリックを考えたり，どうしてそうなったのか総合して解決しようとする行動は，認知的平衡状態，つまり平衡化への努力として見なすことができる。

■認知発達の段階

ピアジェは，人間の思考の発達を大きく，感覚運動期，前操作期，具体的操作期，形式的操作期の4段階に区分し（表4-1参考），その発達段階の順序は不変であること，また認知発達の段階は質的に異なり，認知発達における成熟論的観点を強調したが，文化と環境要因が発達の遅延あるいは促進に関与することも言及している。つまり，ピアジェの提示した認知発達の段階は，「段階不変」であり，「年齢不変」でないことを理解する必要がある。

① 感覚運動期

　ピアジェは，誕生から2歳までの重要な認知発達的な特徴として，対象概念（対象永続性）の発達をあげているが，対象永続性とは，すべての対象が独立して存在し，対象がある場所からある場所へ移動し，目の前から見えなくなっても存在することを理解できる能力である。

　たとえば，コインを握っていた魔術師が手を開いた瞬間，もしコインが姿を消したら，人がそれを不思議がり面白がるであろう。それは握った手の中にコインがそのまま存在すると思うからであり，それがピアジェのいう対象永続性の概念である。ピアジェによると，人のこのような能力は，生まれながらにすぐあらわれる能力ではなく感覚運動期の間に徐々に発達するものとされる。4ヶ月以前の乳児は，目の前のオモチャに興味があっても，おもちゃを目の前から布などで隠せばそれ以上オモチャに興味を示さず探そうとしない。4ヶ月から8ヶ月の乳児は，おもちゃの一部分だけ隠せば探そうとするが，完全に隠すと対象物を探さない。一方，約8ヶ月から12ヶ月の子どもであれば，おもちゃが見えなくなった場所からおもちゃを探そうとしおもちゃに興味を示すが，このことから，対象永続性の概念の発達はこの時期に形成されると考えられる。

② 前操作期

　前操作期は2歳から4歳までの前概念的思考段階と4歳から7歳までの直感的思考段階に分けられる。前概念的思考段階の子どもは，目の前にない事物や出来事をイメージとして頭の中で思い起こしたり，他のものと関係づけたりすることができる。また直感的思考段階ではさまざまな概念が発達するがこの時期特有の直感的思考から量や数などの保存の概念が未発達である。

〈心的表象の発達〉

　約3歳頃になると，遊びの中に自分のイメージを取り入れ，たとえば，葉っぱをピザのようなごちそうに見立てたり，カップを車や宇宙船に見立てたりする象徴遊びができ，ままごとの中で父親や母親になりきって真似をするなどモデルが存在しなくても模倣できる「延滞模倣」の出現が盛んに見られる。

〈自己中心性〉

　ピアジェは前操作期の子どもの思考の特徴として「自己中心性」を強調した。「自己中心性」とは，利己的という意味ではなく，自分と同じく他者の思考，感情，知覚，観点を捉えようとする前操作期の子どもの認知的特徴である。すなわち，この時期の子どもは他者の立場からものごとを考えたり他者の観点で推論したりすることができない。この時期の子どもがパパの誕生日に自分の好きなおもちゃをプレゼントしたり，自分の好きなチョコレートがリスやウサギにとっても大好物であると思う例がそれに当てはまる。自己中心性は子どもの言語領域においても現れる。誰も聞いていなくても一生懸命に自分の話をしている子どもがいたり，他の子どもたちと一緒にいても相互作用のある会話をするのではなく各々が熱心に自分の話をしている場面を観察することができる。ピアジェはこれを集団独白（collective monologue）と呼んだ。またピアジェは，三つ山課題を通してこの時期の自己中心性について強調している。

〈保存概念の未発達〉

　保存（conservaion）とは，ある一定の物質の量や数が，ものの配列や外観において変化があったとしても，その量や数は一定のものが維持されることを理解するものである。前操作期の子どもの保存概念を調べるために行った実験の中に次のようなものがある。

　子どもの目の前に，同じ形と大きさのビーカーに同じ高さの水を入れて，「どちらが多い？」と子どもにたずねる。すると，子どもは「同じ」と答える。子どもの目の前で片方のビーカーから細長いメスシリンダーに水を全部入れ替えて，もう一度子どもに同じ質問をすると，子どもはメスシリンダーの方が多いと答える。さらにその理由をきくと，ビーカーよりメスシリンダーの水位が高いことを強調する（図4-5）。この時期の子どもは，論理的というより直感的で，そのため見かけに引きずられ，誤った判断をしてしまうのである（さまざまな保存の発達については表4-2参照）。

　また，別の実験で，ピアジェは，図4-6(a)のように，アメリカの5セントコインを2列見せた。まずそれぞれの列のコインの数が同じかどうかをたずね

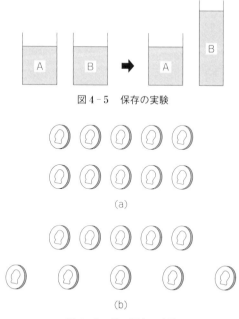

図4-5　保存の実験

図4-6　数の保存の実験

ると，子どもは「同じ」と答えるが，図4-6(b)のように並べて，同じ質問をすると，下の列のコインが多いと答える。前操作期の子どもの保存概念の未形成は，知覚によって支配される直感的な判断をよく示している例と言え，この時期の子どもの特徴の一つとして考えられる。

③ 具体的操作期

　具体的操作期では，前操作期では不可能であった保存の概念が獲得され，具体的に経験できる問題と対象に限定されるものの，物事を論理的に判断することが可能である。この時期の子どもは，あるカテゴリーとその下位のカテゴリーを分類し，物事の大きさや重さなどを必要に応じて一列に序列し，また粘土で作った飛行機を崩せば元の粘土に戻ることが理解でき，3 + 6 = 9から9 − 6 = 3であることを推論することができる。ピアジェはこのような特徴を可逆

表4-2 保存の形態

保存概念	例	発達の年齢
数	大きいのはどれか？	6～7歳
液体	多いのはどれか？	7～8歳
長さ	長さは同じか？	7～8歳
物質	それらは同じものか？	7～8歳
面積	広いのはどれか？	7～8歳
重さ	重さは同じか？	9～10歳
大きさ	同じ量の水を運べるか？	11～12歳

(出所) J. F. Travers, S. N. Elliott, and T. R. Kratochwill (1993) *Educational Psychology : Effective Teaching, Effective learning.* The McGraw-Hill より作成。

性と呼んだ。

④ 形式的操作期

　ピアジェの認知発達の第4段階では，具体的事物を使用しなくても抽象的，論理的操作が可能となる。だいたい11, 12歳以降になるが，この時期は形式的操作期と呼ばれる。また「もし～ならば，～である」といった仮説的推論が可能となり，さらに事実ではない仮説にまで（たとえば，「もし人間が冬眠をする動物ならば，人類はどうなったのか？」），その仮定を受け入れ論理的な推論を展開することができる。

　具体的操作期の次の段階である形式的操作期については多くの心理学者によってその存在が認められているが，形式的操作がどれほど一般成人にとって普遍的であるのかについてはまだ論争の余地がある。研究によると，大学生の40～60％が慣れていない課題については形式的操作に失敗し，学部卒業生の50％はピアジェの形式的操作の推論課題をうまく解決できない。

　一方，偉大な科学者であるアインシュタインのように，既存の知識を再構成したり独特な方式で世界観を展開する，形式的操作期より高次な「第5の認知発達段階」を仮定する考え方もある（Arlin, 1977）。

　一方，最近の研究を通して，ピアジェの考え方についていくつかの指摘がな

Jean Piaget（1896～1980）
　ピアジェは，1896年スイスの小さな町，ヌーシャテルで生まれた。10歳のとき，鳥に関する論文を発表し科学者としての素質を表し周囲を驚かせた。1918年21歳のとき，ヌーシャテル大学で軟体動物に関する論文を書き，動物学博士学位を取得。23歳のとき，初めて児童心理学分野で研究を始め，生涯を児童の精神構造の発生と変化の過程の研究にささげ，自ら自分の研究分野を「発生論的認識論」とよんだ。3人の子どもの誕生とともに，彼は妻と注意深く子どもたちを観察し，その内容を『知能の根源』，『子どもの心理』という著書にまとめた。生涯，情熱的に研究活動を続け，児童心理学分野に40冊以上の著作と100本以上の論文を発表し，晩年も1980年9月16日生涯を閉じるまで自宅で子どもの思考の本質とその発達について研究し続けた。代表作に『子どもの言語と思考』(1923)，『子どもの判断と推論』(1924)，『子どもの道徳判断』(1932) などがある。

されている。すなわち，確かに幼児は，児童期の子どもに比べ直観的で自己中心的ではあるが，ピアジェはかなり前操作期の幼児を過小評価していること，幼児も慣れている単純な問題や概念に関しては論理的な思考をすることが可能であるなど（Bjorklund, 2000），その後の研究が続いている。

3　社会情緒的な発達

■愛着理論と関係性の発達
① 愛着理論の基本的な概念と愛着のパターン

　愛着理論は子どもの家族経験と社会的情動的な発達における関係を説明する有力な理論である。一般に愛着とは，ある一人の人と他の特定の人との間で形成される永続的な愛情の絆として定義されるが，愛着研究の開拓者として愛着理論を確立したボウルビィ（J. Bowlby）は，愛着関係は子どもが求めるセキュリティ・レギュレーションと親が供給する安心，保護，なだめ，やすらぎ，援助に関連する非対称的あるいは補完的な関係性であると主張した。またボウルビィは，乳児期に形成された養育者に対する愛着はそのままの形で持続される

のではなく時間の経過とともに自己と他人に対する信念として再構造化されると主張し，その再構造化されたものを内的ワーキング・モデル（internal working model）と命名した。

発達的観点からの愛着研究は1960年代にボウルビィの同僚の一人であったエインズワース（M. D. S. Ainsworth）によって始められた。エインズワースらは，子どもの一貫した行動特性や母－子の関係性の個人差を評定するための一つの方法としてストレンジ・シチュエーション（strange situation）法」を考案し，子どもの相互作用的行動のスタイルを大きく以下の3つのパターンに分類し，愛着行動の指標とした。

A型（回避型：avoidant type）：親との分離に際し，泣いたり混乱を示すということがほとんどない。再会の時は親から目をそらしたり，明らかに親を避けようとする行動（回避，無視，一人遊び）がみられる。

B型（安定型：secure type）：分離の時に多少の泣きや混乱を示すが，親との再会時には積極的に身体的接触を求め，安らぎを得ることができる。実験全体にわたって親や実験者に対して肯定的な態度を見せることが多い。

C型（抵抗型：resistant type あるいはアンビバレント型：ambivalent type）：分離の時に非常に強い不安や混乱を示す。再会時には親に強く身体的接触を求めるが，その一方親に対する怒りを示し，そのまま激しく叩いたりする。こうした近接と怒りに満ちた抵抗という両価的な側面がみられる。

② 乳児期以降の愛着研究とその方法論

ボウルビィは，愛着の安定性が成人期まで連続することを仮定したが，近年，愛着の連続性をめぐる研究として，愛着の内的ワーキング・モデルに注目した知見が報告された。幼児期を対象にした愛着のワーキング・モデルに関する研究では，ドール・ストーリーや愛着ストーリー完成課題（表4-3）を用いた研究が多く，李（2000）も韓国と日本の5歳児を対象に愛着のワーキング・モデルに着目している。

一方，成人を対象とした研究の指標としては，まず発達心理学系の研究があ

表4-3 「愛着ストーリー完成課題」(Attachment story completion task) の各ストーリー

Child-Mother Attachment	Child-Father Attachment
ストーリーI 　夕食のテーブルについているとき，子どもが不意にジュースを床にこぼしてしまった。そして母親は声高く叫ぶ ストーリーII 　母親と公園に散歩に出かけているとき，子どもが岩にのぼり，落ちてしまい，ひざに怪我をした。そして子どもが泣き出している ストーリーIII 　子どもが寝ようとして部屋に入ろうとするが，部屋にコワいものがいるのを見て大声で叫ぶ ストーリーIV 　両親が一泊の旅行に出かけ，祖母と子どもが家に残る ストーリーV 　次の朝，祖母が窓から外を見ながら，両親が帰ってきたことを子どもに告げる	ストーリーI 　子どもが父親と食事をしている。ところが，子どもが嫌いなおかずがあって父親に食べたくないと言う ストーリーII 　子どもが公園で遊んでいた。家に帰ろうとするが自転車が盗まれたことに気づく。そのとき，父親が公園のほうに歩いて来る ストーリーIII 　夜，外からコワイ音（雷）が聞こえて，子どもが目を覚ます ストーリーIV 　仲間が家に遊びにきたが，喧嘩になってしまった。友だちは家に帰り，子どもが泣き出している

り，メインら (Main et al., 1985) の成人愛着面接法 (Adult Attachment Interview) と，社会心理学系の，ハーザンら (Hazan & Shaver, 1987) の愛着スタイル質問紙法 (Adult Attachment Style Questionnaire) が代表的である。特にハーザンらは，乳幼児期において形成される愛着は，成人の特定的な人に対する対人関係のスタイルに関係すると仮定し，異性に対するロマンチック関係を愛着の一つとして定義した。ハーザンらによれば，安定型の人は，他者と親密になることを快いと感じ必要な時に他者に頼ることができ，自分は愛され，価値のある人間であると自信をもっている。そして回避型の人は，他者と親密になることや他者に頼ることに不快を感じ，不安／アンビバレント型の人は，他者と親密な関係をもつことを切望し，他者に拒絶されたり拒否されることを恐れる傾向がある。

■自己概念の発達

　人間のライフ・スパン (life span) におけるさまざまな研究の中で，発達的

研究の重要な部分として注目されてきたのが，自己概念，つまり自己（self）への理解である。自己概念は，個人の行動，感情，動機，社会性，仲間関係およびパーソナリティの発達に影響を及ぼす重要な心理的要因であるが，子どもの心理社会的な発達を理解するうえでも重要な観点となる。

　人間行動における重要な説明変数としての自己概念は，その定義においても研究者によって異なる観点から捉えられる。たとえば，個人の自己実現や，幸福感における重要な影響力をもつ心理的要因として，あるいは自己に関してもっている知識のネットワークとして定義されるが，一般的に自己概念は，他者との関わりにおいて自分自身によって認知されたさまざまな側面における自己の内容を意味し，学業的，身体的，社会的な能力に関する総体的な自己認識として理解できる。

　特に，学業的自己概念について言うと，一般的に，学ぶことに対して肯定的な自己概念をもち入学する就学前の子どもの多くが，次第に肯定的な見解を失う傾向がある。それは，子どもが他の子どもとの相互作用を通してより客観的で現実的な自己概念を形成し，学校での学習経験の結果に影響を受けるからである。つまり，学習経験が成功的であればより肯定的な自己概念をもつが，そうでないときには，否定的な自己概念が発達する。

　教師は子どものさまざまな自己概念の形成に重要な役割を果たすが，特に学業的自己概念の形成においては重要な機能をもつ。教師は，学習活動を促し評価する立場から，子どもたちにフィードバックを与えるが，子どもはその教師のフィードバックを通して自らの学業的能力を評価するようになる。

　教師が，全ての子どもに興味・関心を示し，子ども一人ひとりに学業的期待を寄せることや，それを子どもに伝えることが重要であり，教師の愛情及び期待は，子どもの学習成果の向上と子どもの肯定的な自己概念の発達に効果的である。

■道徳性の発達

　ハーバード大学の教育学者であり心理学者でもあったコールバーグ（L.

表4-4 コールバーグの道徳的なジレンマ

妻は特殊ながんで危篤状態でした。しかし、彼女を救える薬がありました。それは最近同じ町の薬剤師が発明した薬でした。薬剤師はその製造に費用がかかったので、10倍の値をつけました。費用は400ドルでしたが、一錠4000ドルの値段をつけました。夫のハインツは、知人を訪ね金策に走りましたが、半分しか借りることができませんでした。彼は薬剤師に妻のことを話し、安くしてほしいとか残金を後払いにしてほしいと頼みましたが、薬剤師は、「だめです。これで儲けるのだ」と断りました。夫はあらゆる合法的な手段を試みましたが、まったく絶望的であり、妻のために薬を盗もうかと考えました。
(問) ハインツは薬を盗むべきか？ それはなぜか？

(出所) 大西 (1997) から引用。

表4-5 コールバーグの道徳性の発達段階

水準1　前慣習的水準	自己中心的な倫理、10歳以下の子どもに一般的である。
段階1　他律的道徳性	罰や制裁を回避し、他人の必要や感情を考慮しない。
段階2　個人的道具的道徳性	利己主義の倫理、報酬、利益を求める。
水準2　慣習的水準	他者の倫理、10歳～20歳に現れる。社会的規則と契約に順応する段階なので「慣習」とよぶ。
段階3　対人的規範的道徳性	他者の立場に立って、他者からの是認を求め、他者との調和を重んじる。
段階4　社会体系的道徳性	法と規則、社会秩序に基づいた倫理、規則と法は絶対的で守ることへの志向。
水準3　原則的水準	原理の倫理、20歳以前に到達することはほとんどなく、社会規則の根底に内在した普遍的原理に従う。
段階5　社会契約の道徳性	規則と法は社会に利益を与える行動に対する合意であり、規則が社会にそれ以上必要でなければ変えられると考える。
段階6　普遍的原理	あらゆる人間は自由で等しく自律的な人間として他者に対すべきであることを理想とする。道徳的判断は、社会規則を超越した抽象的、普遍的原理に基づいて行われる。

Kohlberg) は、道徳的な価値が葛藤する道徳的なジレンマ (表4-4) を通して道徳発達を道徳的推理の発達とみなした。10代を対象におこなった研究では道徳的推論が発達するものとして捉え、イギリス、台湾、マレーシアなどでおこなった比較研究を通して、道徳的推論能力の発達が、他の文化圏においても普遍的であることを主張した。彼の理論に基づくと、道徳性の発達は3つの水準に区分され、それぞれの水準は2つの段階から構成される (表4-5)。

コールバーグは，道徳性の発達には個人差が存在し，道徳性の発達水準を決定づける重要な要因は，道徳的ジレンマに対する最終判断そのものではなく，その判断に至るまでの理由付けが重要な基準であるとみなした。つまり，表面的な道徳的行動や道徳的な知識の内容ではなく，道徳的判断の背後にあるより深い認知的な構造に焦点を当てようとした。

コールバーグの立場からは，道徳性の発達をうながす環境要因として次の3点があげられる。
・役割取得が求められるさまざまな経験の場を与えること
・道徳的認知的葛藤を生じさせること
・公正な道徳的環境を与えること

道徳的なジレンマを用いた討論学習は，自分と違う意見を積極的に傾聴する機会を与え，自分の道徳的推論と比較することで道徳性の発達をうながす。また，別の観点に立って考える機会（役割取得）を経験することは，自分自身のもつ道徳的原理の認知的葛藤を生じさせ，それによって発達が促進されると考えられる。理想的であるのは，現在到達している段階から高過ぎない推論を提供することである。つまり，段階2の利己主義の倫理に基づく子どもには，段階3の他者との調和を重んじる思考方式からの推論を経験させることが，道徳性の発達に効果的と言える。また教師の公正性，責任感，民主的な指導力は，教師の価値観や道徳性を子どもに触れさせ，子どもの道徳性の発達に影響を与える。

一方，コールバーグの理論について文化的普遍性に関する批判もなされている。その多くは彼の理論が西欧キリスト教社会の道徳原理をモデルにした段階論であることを指摘し，その枠組みを非西欧の文化にまで当てはめることを批判する（大西，1997）。また，道徳性の性差をめぐる批判もあり，実証的研究を行ったギリガン（C. Gilligan）は，道徳性の発達では男女の異なる筋道があるのにコールバーグはその一方のみから理論を構築したと批判し，道徳性には「正義の道徳性」とは別に女性特有の道徳性「配慮と責任の道徳性」があるため，女性は別の発達過程をたどると主張した。

> 学習課題
>
> ○500円のコイン1枚より100円のコインを3枚もらう方がうれしいという子どもは，ピアジェの認知発達段階のどの段階に当てはまるのか？
> ○ピアジェは，右の絵のように，色と大きさと形の違う3つの山の模型を用いて，子どもにA, B, C, Dの全ての方向からの山の模型を見せ，子どもをAに座らせ，Cの方からはどう見えるかを尋ねた。この問いに対して，前操作期の子どもはどのように答えるか？　またそれは何故か？　考えてみよう。
> ○ギャング・エイジの役割について説明しなさい。

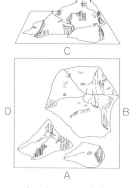

ピアジェの三つ山課題

参考文献

Arlin, P. K. (1977) Piagetian Operations in Problem Finding. *Developmental Psychology*, 13, Pp. 297-298.

Bowlby, J. (1988) *A Secure Base*, New York: Basic Books.

Barrera, M. E. & Maurer, D. (1981) "Recognition of Mother's Photographed Face by the Three-Month-Old Infant". *Child Development*, 52(2), Pp. 714-716.

Bjorklund, D. F. (2000) *Children's thinking : Developmental function and individual differences* (3rd ed.). Wadsworth / Thomson Learning.

Fantz. R. L. (1961) The origin of form perception, *Science American*, 204, Pp. 66-72.

Gibson, E. J. (1969) *Principles of Perceptual Learning and Development*, Prentice Hall.

Hazan, C. & Shaver, P. (1987) Romantic love conceptualized as an attachment process, *Journal of Personality and Socil Psychology*, 52, Pp. 511-524.

李和貞 (2000)「幼児の自己概念及び父・母の養育態度に関する研究——日・韓の5歳児における愛着を中心に」(お茶の水女子大学大学院修士論文)

李和貞 (2006)「青年の父・母へのアタッチメント表象と自尊感情の関係」『早稲田大学学術研究』54, Pp. 35-45。

Marcia, J. E. (1987). The identity status approach to the study of ego identity development. In Hoiness, T. & Yrdley, K. (eds.), *Self and identity : Perspectives across the lifespan.* London: Routledge. Pp. 161-171.

Marin, M., Kaplan, N., & Cassidy, J (1985). Security in infancy, childhood, and adulthood: A move to the level of representation. *Monographs of the Society for Research in Child Development*, 50, Pp. 66-104.

大西文行編著（1997）『道徳性心理学』北大路書房。

Rutter, M., Quinton, D. & Hill, J. (1990) Adult outcome of institution-reared children, In L. Robins & M. Rutter eds., *Straight and Devious Pathways from Childhood to Adulthood,* Cambridge: Cambridge University Press, Pp. 135-157.

塚野州一編著（2000）『みるよむ生涯発達心理学』北大路書房。

推薦図書

ボウルビィ，J.，黒田実郎・大羽蓁・岡田洋子・黒田聖一訳（1991）『新版 愛着行動』岩崎学術出版社。

久保田まり（1994）『アタッチメントの研究――内的ワーキング・モデルの形成と発達』川島書店。

ピアジェ，J.，中垣啓訳（2007）『ピアジェに学ぶ認知発達の科学』北大路書房。

（李　和貞）

| コラム　自尊感情（Self-esteem）の発達 |

　自己概念と混同しやすい概念として，自尊感情がある。自己概念が，一般的に認知的な自己理解を指すことに対して，自尊感情は，自己の価値に対する情緒的な反応および評価を意味する。

　子どもの自己概念の形成と自我同一性の確立は，子どもの自尊感情に影響する。特に学校生活は，子どもに自己概念と自尊感情を形成する能動的な社会的環境を提供するが，自分の属する集団が価値のあるものとして認識されるとき，子どもは高い自信感をもち，ポジティブな自我同一性を形成し，それらは子どもの自尊感情の向上に影響する。また身近な存在との愛着関係が，子どもの自尊感情の発達に影響する。幼児の場合，母親に安定した愛着関係を形成した子どもは，そうでない子どもと比べ高い自尊感情をもつ傾向がある。

　大学生を対象とした研究においても，母親及び父親への安定した愛着をもつ大学生（父母愛着群）は，母親と父親への不安定な愛着を有する大学生（愛着希薄群）より，自尊感情において有意に高い得点を示した。すなわち，両親への愛着の安定性が高ければ高いほど大学生の自尊感情は高いと分析された（李，2006）。

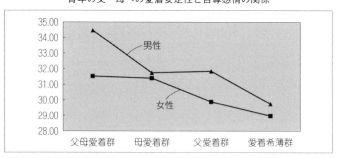

青年の父・母への愛着安定性と自尊感情の関係

（李　和貞）

第5章　学習理論と学習指導

「学習とは何か，定義せよ。」このような問題が心理学の試験ではよく問われてきた。行動主義と認知主義，依って立つ立場（理論）によって定義が異なる点を理解させ，折衷的な定義の意味に気づいてもらいたい。そんな願いからの出題だったであろう。

　最近では，実生活において人がどのように学ぶのか，という視点からの学習に対する理解が広がっている。ブラジルのストリートチルドレンは，計算式は理解できないのに，お金の計算は素早く正確におこなうことができるという。状況に応じて学び方や学んだ知識の使い方が異なることから，状況に埋め込まれた学習論と呼ばれている。本章では学習に関するさまざまな理論的立場から開発・奨励されてきた学習指導法のいくつかを紹介する。

1　学習の理論

　教えるべき内容を理解していれば，誰でもそれを教えられると思われるかもしれない。けれど，自らの学校時代を振り返れば，教え方の上手い先生とそうでない先生がいただろう。理に適った教え方とそうでない教え方では，結果として生じる学習に差ができる。その差は記憶の定着の違いとしてあらわれるかもしれないし，応用力の違いとしてあらわれるかもしれない。いずれにしろ，教え方や学び方の理論を知ることは，将来，教育関係の仕事に就こうと思っていない人にとっても，自らの，あるいは周囲の学習をより効果的に進める上で大事なことであろう。

■行動主義とプログラム学習

　行動主義に基づく学習法にプログラム学習がある。行動主義の視点に立つと，学習は刺激と反応の結びつき（連合）によって成立するとみなされる。したがって，結びつきが効率よくおこなわれる工夫が学習指導となる。きちんと結びつくように，結びつけるものはなるべく小さい（シンプルな）ほうがいい。大きい（複雑だ）とつなぐのに手間と時間がかかる。いきなり難しい問題を解くより，できる問題を復習し，徐々にレベルアップしていくのが，つまずかずに学び続けるポイントになる。やさしい問題，簡単な問題から難しい問題，複雑な問題に進むことで，着実に理解が深まるという考え方である。

　そこでプログラム学習では，学ぶべき学習課題（内容）をなるべく分解し，順序良く組み立てることが大事になる（スモールステップの原理）。つまずきを少なくするためには，一連の問題をやさしいものから難しいものに順に並べるだけでなく，前の問題が後の問題のヒントになるように，前後の関連も考慮することが望まれる。このように難易度や前後のつながりに配慮して学習課題を作成・配列していく上で，課題の階層構造を明らかにする課題分析が重要になる。

順序良く組み立てられた学習プログラムが成功するには，さらにいくつかのポイントがある。まず，手順どおりに作業が進んでいるかどうか，頻繁に確認することである。シャツのボタンを留めるときに，最後までおこなってからボタンの掛け違いに気づくと，やり直しの手間が大きい。同様に，正しい手順や組み合わせがおこなわれていることを随時点検することは重要である。指導する側に立てば，適時，学習者の遂行状態を学習者自身に知らせる工夫が必要である（即時フィードバックの原理）。言い換えると，正答か誤答かがわかるように，結果を即座に知らせることが大事になる。

　また，その作業が急かされたり，干渉されたりすると，効率は下がりやすい。そこで，学習者のペースで進めることも大切になる（マイペースの原理）。もう一つ，プログラム学習で大切なのは学習者の積極的な行動である。刺激と反応の結びつきが学習と考えるなら，課題や質問といった刺激に対して，自ら話す，書く，なぞる，といった反応を起こすことで学習が成立していく（積極的反応の原理）。

　CAI（Computer Assisted Instruction）と呼ばれるコンピュータを活用した学習方法がある。CAI教材は一般的にプログラム学習の理論を前提に開発されてきた。ドリル・チュートリアル型のCAIでは，学習者はコンピュータが提示する解説を読み，その理解を確認する問題を解く。解けない場合には，あらかじめ用意されているヒントや例題が提示され，間違えた問題や類似の問題に再挑戦する。一定の問題数を誤りなく解き終わると，次のレベルに進む。この繰り返しで，最終的には高度な知識を身につけるというのが基本的な仕組みである。その際，ヒントや助言が多すぎると，本当に自分で理解して解けたかどうかわからなくなる。そうならないように，ヒントを出す際には，初めは詳しく次第に簡単に，分量や頻度を調整し，最終的にはヒントなしで，学習者が独力で課題ができるようにすることが大事になる（ヒント逓減の原理）。

　当たり前だが，コンピュータは感情をもたないし，疲れない。学習者がどれだけ間違えても怒らず，どれだけゆっくり進んでもペースを合わせてくれる。根気よく，平等に学習者に接してくれる。その意味では，学習者にとってコン

ピュータはよきパートナーであり，CAI教材はその特性をうまく生かしている。

■モデリングと観察学習

　人は観察し，模倣することからも学ぶ。小さな子どもが，大人のしぐさを見よう見まねして周囲を驚かせたり，笑わせたりすることがある。幼稚園児に，変身して活躍するヒーローたちの映像を見せた後，園児たちの遊びを観察すると，映像で見たしぐさをまねた行動が増えることに気づく。良くも悪くも，見本を与えられると，そこからさまざまな言動を学んでしまう。テレビの暴力表現が子どもに与える影響が心配されるのは，人間には観察することで巧まずして学んでしまう能力があるからである。

　一流選手の演技を見て，自分も同じように演じているのをイメージすることで，複雑な身体の動きや熟練者の視点（意識）の変化を学ぶイメージトレーニングの効果は高い。このように，意図的にお手本を真似ることで学ぶのをモデリングという。通常は外見を真似るだけだが，その動作を真似るときに，動作にともなう身体感覚や情動を感じることもできる。人がモデリングを通じて学べることは多い。

■認知（構成）主義と発見学習

　認知主義の学習論では，ものの見方，捉え方の変化に注目する。たとえば，近くに，こちらに向かって唸っている大きな犬がいる。目からは犬の姿が，耳からは唸り声が頭に入ってくる。襲われるかもしれない恐怖から，その場を逃げ出そうとする。それより早く，犬が飛びかかってくる。けれど，飛びつかれることはない。犬は鎖につながれており，鎖の長さ以上には動けない。それがわかり，安心する。簡単に言えば，このように環境やそれらとの関係を知覚・認識・理解する働きを認知と呼ぶ。そして，認知したことが記憶され，積み重なって認知構造ができる。その認知構造の変化を学習と考えるのである。認知構造の変化の典型として，aha！体験がある。洞察あるいはひらめき学習など

とも呼ばれるが，一度，新しい捉え方や関係性に気づくと，もう気づく前の見方や考え方はしにくくなる。それは認知構造が変化してしまったためであり，「学習」の結果なのである。

　科学は科学者たちの多くの発見によって進歩してきた。そして，その多くは，対象との新たな関係性に気づくことであった。アルキメデスやニュートンと同じように，科学者の思索を真似て，事象を観察し，仮説を立て，事象の背後にある法則を発見することができれば，素晴らしい学習になろう。だとすれば，授業では子どもたちに，学習対象の新たな関係性に自ら気づかせるように仕向けたい。これを発見学習という。

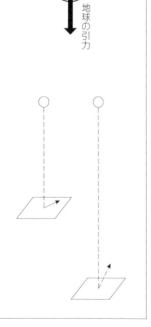

　ものがおちるのは，物体が地球の引力によって引っぱられるためです。
　それなら，ビー玉を1～2Mの高さから落としたら，その速さはどうなるでしょう。

　予　想　　ア．ビー玉はずっと同じ速さで落ちる。
　　　　　　イ．はじめのうちはだんだん速くなるが，すぐに一定の速さになる。
　　　　　　ウ．落ちてくる間じゅう，速さはどんどんふえる。
　討　論　　どうしてそう思いますか。みんなの考えをだしあいましょう。
　実験の工夫　どうやって速さのちがいをしらべたらよいか，みんなの考えを出しあってから実験してみましょう。

図5-1　板倉の仮説実験授業例
（出所）　仮説実験授業研究会（1975），136頁。

発見学習では、学習者の仮説設定が大きなポイントになる。しかし、学習者が自ら適切な仮説を設定できるとは限らないし、限られた時間の中で教師が指導を手控えることにも抵抗があるかもしれない。そこで板倉聖宣は仮説実験授業を開発した。これは、あらかじめ教師が仮説を設定し、仮説設定の理由と仮説検証を教師の指示の下、グループやクラスでおこなう授業方法である。

■社会的構成主義と協調学習

認知構造の変化が学習だとしても、その変化は学習者がおかれている状況に影響される。そしてまた、人は観察することで学習できるとしても、何をどの程度モデリングするかは、学習者が、自らがおかれた状況をどのように捉えているかによる。認知の仕方は状況（周囲との関係性）によって変わるという点を重視して、従来の認知（構成）主義に対して社会的構成主義と呼ばれる考え方が広まってきた。佐伯胖（1998）は状況論的学習論や社会的構成主義に基づいた学習論をもとに学習を、「個人の頭の中の活動ではなく、頭の『外』の、人や人工物との相互作用の中での活動である。したがって、すべての学習は、本質的に、道具付きの活動であり、かつ協同的な営みである」（12頁）とまとめている。

学習の結果として構成される知識のあり方に焦点を当てた社会的構成主義の立場に立てば、学習者が周囲との関係性をどのように捉えるのかが、自らの頭の中に構成する知識構造に影響するのである。そこでは、学習という行為や学習したことの意味づけが、その学習活動の質を左右する重要なポイントとなる。仲間と課題を共有し、一緒になって考える中で学ぶのと、教師の説明を聞いて一人で考えるのとでは、同じように公式や年号を覚えたにしても、学習の結果としての知のあり様に違いを生む。公式を覚え、問題を解くことが学習集団の一員として期待され、その期待に応えようとする取り組みが認められ、励まされる中で構成されていく知識。グループ内で課題を共有し、互いの理解を協調させながら自らの知識構造を変化させる学習。こうした、生徒同士が学びあう学習活動を協調学習あるいは協同（働）学習と呼ぶ。

表5-1 4つの立場による学習の捉え方

	行動主義	認知主義	構成主義	状況主義
学習のメタファー	刺激と反応の連合	知識の獲得	知識の構成	文化的実践への参加
学習の特徴	外的な賞罰による特定の行動の獲得・除去	新しい知識の獲得，知識の構造化・手続き化	知識の構成，既有知識の精緻化，再構造化	学習は物理的，社会的，文化的文脈との関わりで生じる
学習の原理・方法	古典的条件づけ，道具的条件づけ，プログラム学習	学習内容の組織化，精緻化などの記憶方略の利用，発見学習	既有知識による学習の制約，問題解決学習	発達の最近接領域，認知的徒弟制度，協同学習

(出所) 湯澤 (1998：8)。

ヴィゴツキー (L. Vigotsky) は，一緒に活動する中で，今は仲間から教えられて理解できる学習課題ならば，近い将来，一人でもできるようになる。そして，もし教えられても理解できないならば，その課題はまだ学ぶには早すぎると考えた。これを発達の最近接領域説という。つまり，仲間との協調的な学びによって身に付く内容が教えるのにふさわしいものであり，それを超えた内容を教えても，暗記はできても真に理解するには至らない，というのである。

なお，状況論的学習論を社会的構成主義と区別して，状況主義と構成主義として扱う立場もある。その立場からの整理を紹介しておこう（表5-1）。

2 学習者の能動性と学習指導

理屈抜きでやり方を覚える場合など，ひたすらに反復練習する。漢字や英単語を覚えるために，半ば機械的に何度もノートに書く。言葉と意味が結びつくように，あるいは言葉と形が結びつくように，繰り返すことで頭の中の結びつきが強くなっていく。このように意味を理解するよりも暗記することが作業の中心になるような学習は，機械的受容学習と呼ばれる。ひたすらに外部から与えられる情報や刺激を，可能な限り細大漏らさず受け入れようとする。なぜ覚えねばならないか，あるいは何の役に立つかよくわからないが，とにかく試験

に出るから覚えねばならない，というような状況での学習は，機械的受容学習になりやすい。

　そして，試験直前の一夜漬けで，必死に重要語句だけ暗記して試験に臨んだというような経験の持ち主なら，やみくもに暗記した内容は，時の流れとともに消えてしまうことも実感するだろう。機械的受容学習が有効なのは，学習内容の範囲が限られ，その内容自体の正確な記憶が問われるような課題に対してである。現状の大学入試も含めて，高校までの定期試験などには，ある程度効果的な学習法とみなされており，この方法に依存した学習者も多い。ただ，このやり方は，記憶の定着や把持が悪い，応用が利かない，学習意欲が高まらない，といった問題がある。

　一方，同じ受容学習でも，意味もわからずに丸暗記するのではなく，自分の知識や経験と関連づけ，意味のあるものとして受け入れることができれば，記憶の定着は促進されるだろうとオースベル（D. Ausubel）は考えた。第7章で好奇心について学ぶが，そもそも人は新しい情報を受け入れる際に，既知既習の事柄との関連を探そうとする傾向がある。このように情報を関連づけたり意味づけたりして記憶することを有意味受容学習と呼ぶ。

　そこで，学習者が新たに記憶しようとする内容と，既知の事柄との関連づけを助ける情報を事前に提示しておくと，その内容を意味あるものとして受け入れやすくなる。この事前に提示するものを先行オーガナイザーと呼ぶ。教師が授業の本題に入る前に，前時の復習や本時のポイントを簡単に話してくれたときは，本題の内容が記憶しやすかったという経験はないだろうか。授業開始時の学習目標の明示は先行オーガナイザーの働きをしているともいえよう。

■プロジェクト学習

　受容学習は系統だった内容を，教師が要領よく整理・解説して伝える一斉授業では中核的な学習方法である。一方，「総合的な学習の時間」のように学習者の主体性を生かし伸ばそうとする授業では，生徒自身の興味関心にそって，自ら学習の目標を設定し，取り組むべき課題やその取り組み方法を計画立案し，

計画を遂行してその成果・結果を点検・評価する，学習者中心の学び方が重視される。こうした一連の学習活動を生徒にとってのプロジェクトとみなし，能動的な学習を促進させる指導法をプロジェクト学習と呼ぶ。プロジェクト学習は数週間から数ヶ月の長期にわたる取り組みになることが多いが，一回限りの授業であっても，生徒たちが自ら主体的に学習に参加できるような課題や活動を中心にした参加型学習と呼ばれるものも広まっている。なかでも具体的な作業を仲間と共に体験しながら学ぶワークショップ形式の授業は有力である。

■経験学習

体験は意図的に学びに換えないと，一過性の出来事に終わってしまいやすい。また，同じような体験をしても，そこから何を学ぶかは，個々人で大きく異なってくる。そこで，体験を通じた学習をモデル化し，学びを確かなものにするための働きかけを明らかにすることが必要になる。コルブ（D. A. Kolb）の経験学習モデルが有名である（図5-2）。

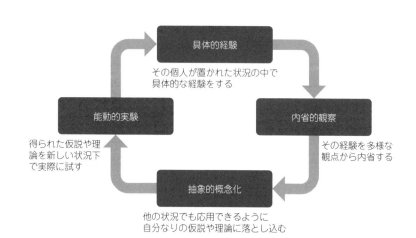

図5-2　コルブの経験学習モデル

（出所）　Kolb（1984）。

3 授業（指導）形態と学習者の心理

　授業の形態による学習活動の違いを意識しておくことは，教師をめざす人にとって重要である。クラス全体に対して，（あたかもクラス全体を一人の生徒のように見なして）教師が指示や説明を与え，クラス全体がその働きかけに一斉に応える形態を一斉授業（あるいは一斉指導）という。なかでも，教師が一方的に講義（説明や解説）する一斉指導は，大人数のクラスでも平等な情報提供や効率的な情報提示が容易におこなえる利点があると考えられている。つまり，同一内容（教材）を一度に同じ方法で，同じ学習目標に向かって，教師のペースで扱うことができるのである。限られた時間数で，決められた教科書の範囲を扱いたい教師にとって，便利な方法である。

　反面，一斉指導にはいくつかの限界や課題がある。あなた自身の経験を振り返りながら，少し考えてみよう。一斉指導は教師からの情報伝達が主になるため，学習者を受け身にしてしまいやすい。生徒の数だけ授業に際して個別のニーズがあるわけだが，一斉指導では個別のニーズに対応しにくい。進度（授業の進み具合）が一定であり，成績上位の生徒にとっても下位の生徒にとっても，不満や退屈に感じる場合が多くなる。

　では，一斉授業以外にどんな指導法があるのだろう。クラスの一人ひとり個別に教える個別学習（あるいは個人指導）と，クラスをいくつかのグループに分けて教えるグループ学習（あるいは小集団指導）の二形態が考えられよう。むろん，実際の授業では一斉，グループ，個別の三形態が組み合わされている場合も多いし，組み合わせ方自体が授業の特徴を形作ることもある。しかし，ここではそれぞれの特徴を分けて整理しておこう。

■個別学習

　同じ教室にいても，授業の始めから終わりまで，まったく一人で，他のクラスメイトと没交渉にワークシートなどの課題に取り組んで過ごす，というよう

な極端な場合は少ないだろうが，授業時間の大半を使って個人作業をおこない，必要に応じて教師の援助を求めるような場合はあるかもしれない。この時，生徒は自分のペースで作業することができ，聞きたいことだけを教師から個別に教えてもらうことができる。上述の一斉指導の課題のいくつかは解決されたように見える。

　では，個別学習には課題や限界はないのだろうか，少し考えてみよう。さまざまな課題や限界が想起されるかもしれないが，ここでは2つ指摘しておく。

　まず，個別指導する側の教師が，多様な生徒たちの学習ニーズに一つひとつ，適切に対応する技量があるかどうかである。一斉指導なら，教師の教えやすいやり方だけでも進められるかもしれないが，個別となると複数の教え方を身につけておかねばならない。全体で行っているうちは目立たなくても，個別となると誤魔化せない。特に，特別な支援が必要な生徒たちのニーズは多様であり，それぞれに対応することは教師の課題となる。つまり，広い意味で障害をもつ児童生徒，一人ひとりに合わせた個別教育プログラム（Individualized Educational Program）の作成・実施が求められる。従来から制度的に対処されてきた身体障害や精神障害をもつ子どもたち以外にも，発達障害をもつ子どもたちへの特別な学習支援の在り様が，教育現場の大きな課題となっている（詳細は11章に譲る）。個々の学習ニーズに対応するのが難しい一斉授業の課題克服に個別学習の機会を設けることは良いとして，同時に，その機会を活かす学習指導・学習支援の方法を教師がきちんと準備しておかねばならないのである。

　もう一つ個別学習の限界をあげると，せっかく同じ時間と場所を共有しているクラスメイトの持つ教育力を十分に活用できない，ということである。個人の発想は限られるが，クラスメイトの意見を聞き，情報交換する中で，自分一人では思いつかなかったアイデアや解法が浮かぶことも多い。また，仲間の意見を聞いたり，仲間に向かって説明したり，といった社会的技能を磨く機会が個別学習にはない。生徒の社会性・協調性を伸ばすには，クラスメイトとの交流が必要になる。

第5章 学習理論と学習指導

■完全習得学習と習熟度別指導

　個別学習との関係で導入されることが多いのが完全習得学習（Mastery Learning）と習熟度別指導（Ability Grouping）である。ブルーム（B. Bloom）は，どんな学習者でも十分な時間さえかければ学習課題を達成できるという立場から，授業進行に合わせて適時，学習者の理解度を点検し，つまずきや習得不十分な部分を次の授業に持ち越さないように配慮することが大事だと主張した。習得が不十分な部分を発見し，そこを各学習者のペースでしっかり習得させておけば，授業が進んでも落ちこぼれる生徒は出ないだろう，というのである。このような完全習得学習をめざす上で，個別指導は欠かせない。

　また，生徒全員のニーズに個別指導で対応するには，多くの教師が必要になるかもしれない。しかし，同じところでつまずいている生徒を集めて，その部分について一斉指導できれば効率が良い。ただ，つまずきごとに生徒を集めていたのでは面倒である。ならば，その教科の習熟度が同じような生徒をあらかじめグループにしておいて，そのグループのレベルに合わせて指導するのは合理的だろう。習熟度別指導と呼ばれる授業方法は，こうした考えを反映している。習熟度別指導は志望校のレベルに合わせたクラス編成が一般的な予備校や，能力差が大きい英語など語学の授業で導入されている。

■グループ学習と協同学習

　クラスをいくつかのグループに分けて，グループ内で学習させ合う指導法を，一般にはグループ学習あるいは小集団学習と呼ぶ。個別学習では生徒間の交流が非常に制限されてしまうが，グループ学習では同じグループの仲間との交流が期待できる。一人では行き詰まってしまうような難しい学習課題でも，仲間と力を合わせれば解決できる。社会的構成主義の学習観に立てば，仲間と一緒に作業すること自体が，学習活動に意味を与え，より良い学びが生起する可能性が増す。教師は一斉指導ほどには効率よく講義できないけれど，個別学習のようにさまざまな生徒の学習進度やつまずきに，その都度個々に対応する必要はない。このように利点が認められるグループ学習ではあるが，限界や課題はな

表5-2　よく指摘される協同学習の効果

- 人種や文化が異なるメンバー間での肯定的態度や関係性の改善
- 障害を持つ児童とそうでない児童の間の交流の促進改善
- グループ学習時の取り組み状態の向上
- 自閉症や複合的な障害をもつ児童も含めグループのメンバー全員の学習成績の向上
- グループやクラス内の人間関係の改善
- 自尊感情の向上
- 高次の思考方略や批判的思考能力の増加
- 他者からの視点でものを見る能力の向上
- 内発的動機づけの増加
- 教科内容，教科学習，および学校に対する態度の改善
- 妨害行動の減少と課題従事の増加
- 他者と仕事をする上で必要とされる協調技能の向上と態度の改善
- 他者への善意（利他主義）と支援的行動の増加
- 葛藤解決技能の向上
- 出席率の向上，など

（出所）　Janney & Snell（2006）を基に加筆・省略して作成。

いのだろうか。まず自分で考えてみよう。

　グループ学習の中でも，特定の条件を満たすものを協同学習（Cooperative Learning）と呼ぶことがある。ジョンソン兄弟（R. Johnson & D. Johnson）は望ましい協同学習の条件として5つあげている。すなわち，①互いに役立ち合う関係（肯定的相互依存関係）が成立した状態で，②グループメンバー一人ひとりの課題達成に向けた役割や責任がはっきりしており，③課題遂行に際して促進的な相互交流があり，④協調の技能を活用・訓練することが意図され，そして⑤自分たちの活動を振り返る機会がある，という5つである。

　グループ学習に向けられる批判の中でも，グループの中でやる子とやらない子がいる，あるいは仲間に任せて自分ではしない子がいる，というフリーライダーの問題はよく指摘される。これには，互いに役立ち合う関係が十分に成立していない，グループの中での個々の責任がはっきりしていない，課題遂行に向けた関わり合いが弱い，協力しないメンバーを活動に参加させるための話し方などの協調の技能が弱い，問題のあるグループ活動をきちんと振り返る機会がない，といった原因が考えられる。つまり，グループ学習が抱えやすい問題

を低減・解消する工夫を重ねると，協同学習に行きつくことになる。

　日本で開発・発展してきた協同学習として，バズ学習がある。バズ学習では個人思考と集団思考の組み合わせを重視する。漠然とグループにして学び合わせるのではなく，まず個人でしっかりと課題に取り組み，その上でグループとして教え合い学び合わせる。この手順を踏むことで，できる生徒ができない生徒を一方的に教えたり，できない状態のままで一方的に正解を与えられる，といった表面的なグループ学習を回避することができる。

　協同学習が適切に実施された場合，生徒たちは一斉授業や個別学習，あるいは競い合って学ぶ場合より高い学習成果を上げることがわかっている。加えて，協同学習は対人関係技能と多様性に対する受容力を伸ばすことにも有効である（表5-2）。なお，協同学習はバズ学習の他に，協働学習，協調学習，ジグソー学習，チーム学習などと呼ばれるものがある。

4　学習者の多様性に対する配慮

　学習者の個別な学習ニーズに対応する授業を考える際，さまざまな学習理論に基づく指導法の特長を踏まえた授業を心がけることは当然である。その上で，学習者の学習特性や知的能力の違いについて理解しておくことは大切であろう。

　クロンバック（L. Cronbach）は，学習者の学習特性と教師の指導法との組み合わせ効果を適性処遇交互作用（Aptitude Treatment Interaction）として研究した。ビデオ視聴と生の講義では，どちらが学習効果は高いか。グループ討論のある講義とない講義では，学習効果に違いはあるのか。こうした問いに対して，聴くことで学ぶのが好きな人と観ることで学ぶことが好きな人で違いがある，外向的な人と内向的な人でも学習成果に違いがある，という結果が示された。これは，学習者の学習特性と教師の教え方の相性によって学習成果が異なることを意味している。

■多様な知的能力に応じた指導

　ガードナー（H. Gardner）は，少なくとも8種類の知能タイプを分類，提唱している。多重知能（Multiple Intelligence）と呼ばれるもので，言語的知能・論理数学的知能・空間的知能・音楽的知能・運動的知能・博物学的知能・対人関係的知能・自省的知能の8つである。日本の学校教育では音楽，体育，美術，そして道徳といった多様な教育内容をもつ教育課程が組まれている。しかしながら，複数の知能を活用した学習活動が意識されることは少ない。どうしても，英数国理社といった受験に関係する科目の成績が，音美体の成績より重視されがちであり，それらの成績は言語的知能や論理的知能の高低に強く影響されてしまう。ガードナーは8つの知能は，どれも等しく人間にとって大切な能力であり，実生活においてはさまざまに組み合って働いているとみる。したがって，学校の学習活動においても，複数の知能をさまざまに働かせることが大事である。優勢な知能を伸ばし，そうでない知能を鍛えることは，生徒の能力開発につながる。一人ひとりの能力タイプの違いを意識した学習指導は，学習者の学びを促進する。

■メタ認知と自己調整学習

　自分の行動を意識化し，考察や制御の対象として客体化して認識することをメタ認知という。今，どのように課題に取り組んでいるのか，計画通り進んでいるのか，結果は期待通りか，どのような修正が必要か，といったように自らの学習活動を意識化することで，より生産的・効果的な学習が可能になる。このように，目標設定，時間管理，方略選択，自己評価を意識しながら進める学習を自己調整学習と呼ぶ。そして教師には，生徒が目標を設定し，自らの取り組みや成果を自己観察・自己評価し，その結果として必要があれば生徒自らが自分の学習の仕方を修正するように支援することが求められる。

　自己調整学習は，①自己モニタリングと評価，②計画作成と目標設定，③方略の実行とモニタリング，④方略結果のモニタリングの4段階の自己調整サイクルを経て進む。自己調整サイクルは，学習のためだけでなく，学習過程の自

己効力感や自己統制の意識を高めるように設計される。つまり，自己調整サイクルは，自分で学び続けようとする内発的動機づけの源泉である自己統制感を与えてくれる。そして，確かな自己統制感は，設定されたレベルの課題を学び達成する能力に対する自己認知や信念である自己効力感を維持・高揚させる。

学習課題

○将来，教職に就かない人が学習の理論を学ぶ意義はあるのだろうか？ あるとすれば，どのような意義があるのか，3つ以上書き出してみよう。
○あなたが覚えている小学校（あるいは中学や高校）の授業を一つ，しっかりと思い出してみよう。そして，その授業をこの章で学んだことを使って解説してみよう。

参考文献

本田恵子（2006）『脳科学を活かした授業をつくる』みくに出版。
Janney, R. & Snell, E. M.（2006）*Social Relationships And Peer Support*（2nd ed），Paul H. Brookes Publishing.（高野・湧井監訳（2011）『対人関係への支援とピアサポート』金剛出版。）
ジョンソン，D. W.・ジョンソン，R. T.・ホルベック，E. J.，石田裕久ほか訳（2010）『学習の輪——アメリカの協同学習入門 改訂新版』二瓶社。
仮説実験授業研究会（1975）『仮説実験授業研究 第3集』仮説社。
　本文中の図表は，松田心一「授業書〈力と運動〉と授業記録」（136頁）より。
Kolb, D. A.（1984）*Experimental Learning : Experience as the source of learning and development,* Prentice-Hall.
子安増生・南風原朝和・田中俊也・伊東裕司（1992）『教育心理学』有斐閣。
佐伯胖（1998）「学びの転換」佐伯胖ほか編『岩波講座 現代の教育3 授業と学習の転換』岩波書店。
杉原一昭・新井邦二郎・大川一郎・藤生英行・濱口佳和・笠井仁（1996）『よくわかる発達と学習』福村出版。
ジマーマン，B. J.・ボナー，S.・コーバック，R., 塚野州一・牧野美知子訳（2008）『自己調整学習の指導——学習スキルと自己効力感を高める』北大路書房。
湯澤正通（1998）『認知心理学から理科学習への提言』北大路書房。

推薦図書

今井むつみ・野島久雄（2003）『人が学ぶということ――認知学習論からの視点』北樹出版。

杉江修治編（2007）『教育心理学』学文社。

（関田一彦）

第6章　学習の評価

まず，学校でテストをおこなう理由を少し考えてみてほしい。さまざまな理由が考えられるだろう。3つ以上，頭に理由が浮かんだら先に進もう。
　生徒に勉強させるため，教師が成績をつけるため，生徒の理解度を（教師が）点検するため，生徒に未習得の部分を自覚させるため，このあたりが代表的な答えであろうか。この章では，教育評価，なかでも学習成果に関する評価について，その種類や特徴，そして効果について学び，考えてもらいたい。

第6章　学習の評価

1　何をどのように評価するか

　一口にテストといっても，○×（正誤）や穴埋め，選択やマッチングなど，客観テストと呼ばれる形式がある。また，数学では，計算問題と文章問題という区別もある。一方，大学等では小論文やエッセイなど，記述式と呼ばれる形式が多用される。では，なぜテストの形式には，このようにさまざまあるのだろう。

　ブルーム（B. Bloom）らは，教育目標には認知的領域（思考や記憶に関するもの），情意的領域（関心や意欲に関するもの），精神運動的領域（技能に関するもの）の3つの領域があると考えた。そして，それぞれの領域における目標の高低を階層的に分類している。これらはブルームのタキソノミー（Taxonomy）と呼ばれる。なかでも認知的領域では，記憶・理解・応用・分析・統合・評価の順にレベルの高い思考活動とされ，授業における教育目標を設定する際の目安となっている（近年の改訂版では総合・評価が評価・創造に変更された）。

　そして，客観テストと呼ばれるものの多くは，記憶や理解のレベルの学習具合を測るためのものである。応用問題とか論述式とか呼ばれる問題の多くは，単なる記憶や理解を超えた，より高いレベルの学習活動，すなわち高次の思考がどれだけうまく行われたのかを測るためのものである。たとえば，AとBではどのように違うのか（分析），それらを考え合わせるとどうなるのか（統合），そして，なぜそれが正しいのか（評価），といった問いに答えるためには，事柄を単に記憶しているだけでは不十分である。過去の経験や現在学習中の知識と関連づけ，自身にとっての意味や，身につけつつある知識の価値を確かめねばならない。こうした，高次の思考を必要とする問いに答える作業を通じて，学習者がその内容をどのように学んでいるのかが明らかになる。あるいは，分析・評価・統合といった高次の思考ができるということは，その内容を深く確かに理解している証と考えるのである。

　ここで，小学校のころ授業中に行われたテストを思い出してほしい。その多

くは，市販テストと呼ばれる既製のものだったかもしれない。市販テストは図表がきれいにカラー印刷され，教師の手づくりテストより，ずっと見栄えがするものが多かった。なかには，全国の同学年の子どもたちの成績との比較ができる，標準学力テストというタイプもあっただろう。そうした市販テストで用いられる問題は，客観テスト形式が多い。採点が簡単で，子どもたちの学習状況（学習事項の記憶・定着の度合い）を量的に把握するのに便利だからである。

一方，「ゆとり教育」という教育政策が批判される中，フィンランドの教育成果が注目された。その契機になったPISA (Program for International Student Assessment) 型の学力テストは，知識の記憶量ではなく，その応用力あるいは運用力を問うものとされる。そして，日本の子どもたちがPISA型の問題に弱いのは，記憶などテストで測りやすい低次の思考活動が日本の学校では重視され過ぎており，肝心の知識の運用について慣れていないからだと言われる。こうしたPISA型の学力観も含め，社会の変化に対応した日本の教育課程編成を考える取り組みが，国立教育政策研究所を中心に進み，「21世紀型能力」の育成として提案されている（コラム参照）。

■真正の評価とルーブリック

ところで，運動演技や絵画作品の出来栄えは，どのように評価されるのだろう？　競走や競泳なら一番早くゴールした人が一番優れていると判断できる。テニスやバレーボールなら，先に6セットあるいは3セット取った方の勝ちである。では9.20とか8.75とか，さまざまな数値が並ぶ体操やフィギュアスケートの採点はどうなっているのだろうか？

演技や作品の優劣を評価することをパフォーマンス評価と呼ぶ。単に好き嫌いだけで選ぶような主観的評価では（かりに複数の審判員がいるにしても），僅差の評定では不明朗感や不公平感を感じる選手も多いだろう。この問題を軽減させるためには，評価基準を実践的な判断基準として明示することが求められる。そのために有益なのがルーブリック（rubric：評価基準表とか評価指標と訳されることが多い）である。

第6章　学習の評価

表6-1　ルーブリックの例
課題「大正時代の民主主義新聞」のルーブリック

		調べ方	まとめ方
A	4	生徒は，大正デモクラシーについて基本的な考え方を完全に理解しており，自ら課題について詳細に調べ，追究している。	生徒は民主主義について資料を活用して調べ，調べた結果は正確に説明されていて，その過程や調べた資料の情報も説明の中で十分に用いられている。
B	3	生徒は，大正デモクラシーについて基本的な考え方を理解しており，課題について調べている。	生徒は民主主義について資料を活用して調べ，調べた結果はおおよそ正確に説明されていて，その過程や調べた資料の情報もほぼ適切に用いられている。
C	2	生徒は，大正デモクラシーについて基本的な考え方を理解しているが，教師の支援がなければ調べることができない。	生徒は民主主義について資料を活用して調べ，調べた結果を正確に説明しようとするが，不完全であり，教師の支援を得て説明できる。
	1	生徒は教師の支援が与えられた時しか調べることができない。	生徒は民主主義について資料を活用して調べ，調べた結果を正確に説明しようとするが，整理されてなく，不完全である。

(出所)　西岡（2008）91頁。

　ルーブリックは，発表の仕方も含め，実技・実演の出来不出来を評価するパフォーマンス評価の道具として必須である。そして，途中の取り組み状況や，学習活動の前後での変化など，プロセスを点検・評価する際の基準にも使える（表6-1）。さらに，学期や学年を通じた生徒の成長を，ノートやレポート，プリントやテストなど具体的な学習成果物をもとに評価していくポートフォリオ評価にも欠かせない道具である（西岡，2003）。

　実技に限らず，学んだことがどのように身に付き，運用・活用できるようになったのか，可能な限り，実際的な課題に即して学習成果を測ろうとする試みを「真正な評価」（authentic assessment）と呼ぶ。実際的・実践的課題に応じるためには，新たに学んだ知識だけでなく，既習の知識や経験を活かす必要がしばしば生まれる。それは認知レベルにとどまらず，社会的技能や対人関係能力も含んだ総合力として発揮されるかもしれない。そうしたパフォーマンスや成果を積極的に評価しようする動きが近年高まっている。

2　教育評価の目的

　ここで，教育評価の目的について確認しておこう。教育評価は学習者の学びを支援し，学びを通しての成長を促すためにおこなう。テストは現状を把握し，向上のための方策を提案する作業の一部である。したがって，テストの結果（得点）は子どもの能力ではなく，目標までの伸び代，あるいは学習内容の中で，すでに習得した部分とこれから習得すべき部分（学び残し）を示している。こう考えれば，テスト結果は，子どもにとっては学習目標の再設定を促し，教師にとっては教え方の修正を促す情報ということになる。

　ところで，評価と似た言葉に評定（grading，成績付け）がある。むろん，教育評価は評定を含むより大きな概念である。評定とは値踏みであり，ものの価値を決めることである。成績表にABCをつけるのは評定である。5段階評価で5がついていれば，その子どもの学びは最上のものである，という意味であり，1がついていれば，その学びは最低ということになる。教師が子どもの学びを品定めしたわけである。教師が自分の好みだけで生徒の学びを品定めしたら，生徒も保護者も学校も，みな困ってしまう。そこで，

同じ授業を受けた生徒たちの中で，どのくらいよく学んだのか比べることで客観性を高めようという工夫がなされる。社会一般でも，性能比較だとか，人気ランキングだとか，何かと比べることで良し悪しを決めることは多い。

■評定の影響

　大学入試などは，その結果によって人を選抜する。そして選抜の結果である合否によって，自分は人より優れている，あるいは劣っている，という感覚を受験生に抱かせる。そこまではっきりした品定めにはならないにしても，学校で日常的に行われるテストの結果も，評定の材料になる。そうなると，テスト

によって学業成績を評価されることを忌避したいと思う生徒が多くなり，どうしても避けられないときは精一杯虚勢を張ろうとする。十分に理解して身につくかどうかは別にして，とにかく試験範囲を試験直前に覚えようと必死になり，実力以上の点数を取ろうと山をはり，当てずっぽうでも答案用紙を埋めようと努力した経験をもつ人が，あなたの周りにはいないだろうか。

　実際，成績の良い人の中にも，成績が下がることは自らの価値が下がる恐ろしいことだと思い，そうした事態を避けたいために必死に勉強する人がいる。成績を気にする人の中には，下痢や腹痛，動悸や息の詰まりなど，テスト不安と呼ばれるストレス反応を示す人もいる。あるいは，テスト勉強に取り組む際，わざと教科書を学校に置き忘れたり，体調を崩したり，結果として自分に不利になるような事態を引き起こし，自分で自分の実力を発揮させないような人がいる。テストを受ける前から失敗した時の言い訳を用意して臨む，このような行動をセルフ・ハンディキャピイングと呼ぶ。良い評価を得たいと思うのは自然なことであろうが，良い成績を取らなければ自分という存在が認められないかのように感じてしまうと，テストは恐ろしいものになってしまう。テスト結果が評定に使われることで，学習者の成長を促進するという教育評価の本来の機能が阻害されないように，注意せねばならない。

3　同じ点数でも解釈が違う？

「もし，あなたがテストで80点取れたら，うれしいですか，悲しいですか？」
　仮に，このように問いかけられたら，なんと答えるだろうか。少し考えてみよう。
　気づいただろうが，この問いかけには，点数の良し悪しを判断するのに必要な情報が不足している。どんな情報があれば判断できるか，具体的に考えてみよう。

■相対評価と到達度評価

　クラスの平均点が，仮に60点だったとする。80点は平均以上である。これなら，少し嬉しく感じないだろうか？　ライバルは70点だったとしたら，あなたの嬉しさは変化するかもしれない。では，ライバルが90点だったらどうか？

　このように私たちは，日ごろから自分の出来具合を他人と比較すること（社会的比較）で，その良し悪しを判断しがちである。言い換えると自分の点数の良し悪しの解釈が，他人の出来具合によって左右されてしまう。これを「集団に準拠した評価」，あるいは相対評価と呼ぶ。大学の入学試験は，試験の成績が良い順に合格が決まってくるために，同じ試験を受けた他の受験生の出来具合によって合否が左右される。このように入試など選抜目的の試験では，一般に相対評価が使われている。

　これに対し，今日の学校現場で一般に見られるのは，到達度評価とか絶対評価とか呼ばれる「目標に準拠した評価」である。予め決められた基準を満たしたかどうかで合否や成績が決まる，ということでは到達度評価と絶対評価は同じである。ただし，絶対評価の場合，教師が恣意的に判断基準を設定するという意味合いが強い。設定された合格基準の妥当性は，設定した教師や組織に委ねられる。したがって，学習の到達度が同じであっても，担任や学校が違えば評価も異なることが容易に起こりうる。田中耕治（2008）によれば，戦前に導入された絶対評価は，教師側からの生徒の値踏み，という性格が強かったという。

　一方，達成度評価はカリキュラムに即して，学習すべき内容とレベルが達成目標として設定され，その目標にどれほど近づいたか，その程度を判定しようとする。学習指導要領に示された学習内容は，最低限教えるべき（したがって習得すべき）ものとされているから，その達成度をきちんと評価するには到達度評価が望ましい。

■評価のタイプと学習意欲

　さて，子どもたちは相対評価と絶対評価（到達度評価）のどちらを好むであ

ろうか？　成績が上位の子どもたちは相対評価を，成績が中位や下位の子どもたちは絶対評価を好む傾向がみられる（南風原・藤野，1991）。

　自分の賢さを誇示する目的で課題に取り組む場合と，自らの理解・向上自体をめざして課題に取り組む場合と，目標設定の違いによって，成果もその後の取り組みも変わる。相対評価は前者の目標設定と相性がよく，到達度評価は後者の目標設定と親和性が高いことは容易に想像できよう。つまり，成績の良い子どもの中でも，特に自分の賢さを周囲に認めてもらうことを意識している子どもは，相対評価を好む可能性が高い。相対評価なら1番とか2番とか，自分の優秀さがはっきりするからである。同様に，成績の振るわない子どもの中でも，特に自分の賢さを周囲に認めてもらうことを意識している子どもは，絶対評価を好む可能性が高い。自分の賢さを誇示できない成績なら，順位がはっきりしない方が好ましいと感じるだろう。

　自分の賢さが，あたかも教師の評価によって決まるように生徒が感じてしまう状況は，その生徒の内発的な動機づけを低減させる場合が多い。これは評価されることで，その学習行動が評価者によって管理されている，言い換えると評価者である教師によってコントロールされているという感覚が生じることによる。他者にコントロールされる取り組みは外発的なものであり，本来は自らの成長につながる内発的な学習活動が，評価されることで，「させられ体験」になってしまう危険がある。この問題に取り組んだデシ（E. Deci）らの研究によると，評価結果が賞賛や罰に結びつくような場合に顕著である。評価結果が学習者の学習状況を自己点検するための情報として活用される場合には動機づけの低減は避けられる。学習状況や達成度のフィードバックになるような評価は，むろん相対評価ではなく，到達度評価であろう。

4　同じテストでも，役目が違う

　学習の前と，途中と，後では，同じテスト問題でも実施する意味が異なる。学習する前には，これから学ぶ事柄をほとんど理解していないのが普通である。

したがって，これから学ぶ内容のテストをすると0点の子どもがいる場合もあるわけで，学習前に80点も取れれば，その生徒はその授業を受ける必要がないかもしれない。0点ということは，事前に必要とされる知識が不足していることを示している。したがって，既習事項の点検や復習をおこなう必要が示唆される。このように，生徒の学習状況を事前に点検し，これから新たに学ぶ準備ができているかどうかを診断することを診断的評価と呼ぶ（診断的とはいっても，0点が続出するようなテスト問題はあまり望ましくないかもしれない。どこがわかっていないのか，どの程度まで準備ができているのか，といった分析をするためには，ほぼ全員が既習の知識で回答できるような問題も含めたテストを作ることも大切になる）。

　もう一つ，テストには形成的評価という機能がある。あらかじめ設定された目標に向かう学習活動が想定通りの成果を上げているかどうか，随時点検する作業といってもよい。学習活動が順調なら，授業の進行を通じて新たな知識の習得（認知構造の変化）が見られるはずである。それが，期待するほどには見られない，あるいは予想外の（誤った）理解が進んでいる，といった状態にあるならば，教師は教え方を修正し，子どもたちの学びを確かなものにしなければならない。むろん，学習の当事者である子どもたちも，自らの取り組みを点検し，修正することが期待される。

　一方，単元など一まとまりの学習が終わり，そこで学んだ知識の定着など，その成果を点検するためにおこなう評価を総括的評価と呼ぶ。中間テストや学期末テストのように，学んだ成果を点検する定期試験は総括的評価と考えられる。ここでは，その学期に学んだことを網羅的に問う問題や，学んだ内容を統合し応用できるかどうかを問う問題など，学習の最終到達度を点検するものが用意される（かつて，相対評価を前提にしていたころの通知表では，その結果を評定に換算する作業が行われた。つまり，到達度の高いものから順に，上位の何％までは5，その次の何％は4，といった形に直すのである）。

■誰が評価するのか

　関連して，誰が誰を評価するかということもポイントになる。伝統的には，評価は教師の専権事項と思われていた。そこでは評価する側と評価される側が明確に分かれ，子どもたちは教師からの一方的な評価の対象になっていた。さらに，教師に限らず，何らかの専門的な知識を基に評価する必要がある場合は，その分野の専門家が評価することになる。たとえば，特別な教育支援が必要な子どもの場合，発達臨床の専門家による診断やプログラムの評価が必要になる。そして，教師や専門家は子どもから見れば他人であり，そうした当人以外の人がおこなう評価は他者評価と呼ばれる。

　一方，自分自身で自らの取り組みや成長を評価することを自己評価という。第5章で紹介した自己調整学習の成否は，適正に自己評価できるかどうかによる。ところが，多くの場合，自己評価の前提には他人の評価がある。学友と比較したり，教師が作った基準を参照したりすることで，自分の学習到達状態を把握することになる。したがって，他者からの評価と自らの評価を統合し，より妥当な自己評価をおこなう能力が重要になる。

　他者評価の中でも，子ども同士で，クラスメイトとして互いの取り組みや成長を評価しあうことを，相互評価あるいは仲間評価（ピア・レビュー）という。同じ授業を受け，取り組んでいる課題が同じであり，心身の発達段階も同じような他者との比較は，大人の権威による評価より具体的であり，自己イメージや自尊感情に大きく影響する。そこで，互いの理解状況や出来具合を比較・検討しあう機会を繰り返し設けることで，子どもたちの自己評価力も高まることが期待される。

5　「テスト」の考え方

　心理学は知能検査によって人の知的能力を測るという発想を生み出した。そして，知能検査や適性検査は，心理学の大きな発明品である。その開発・発展過程で，心理統計の手法が洗練され，教育評価の道具としてのテストは完成度

を増してきた。

　テストは人間の能力や理解度を数値化する道具である。数値化することで，比較が容易になり，客観的な評価が可能になったとも言える。そして，便利な道具ができれば，その道具を使って測定できる事柄（全体の中の一側面）が注目されてくる。「知能とは知能検査で測られる能力である」などという，道具を前提とした定義も生まれてくる。こうした傾向が過ぎると，「学力とは学力検査で測られる能力であり，学力検査で測れないものは学力とは考えない」という話になり，テスト結果の絶対視が進む。これに対し，ガードナー（H. Gardner）の多重知能理論のような見方に立てば，従来の言語能力に偏重したテストは，しょせん一面的な評価である，という認識をもつことができよう。

　一般に良いテストは，次の3つの条件を満たしている。①信頼性が高いこと。測る度に何キロも誤差が出る体重計は故障しているか，欠陥品であろう。テストも同様である。測定の度に結果が違っていたら，何が正しい値なのかわからない。②妥当性が高いこと。テストが実施者の意図した事柄を測ることができていなければ大問題である。つまり，テストの内容が，評価したい内容と一致・関連していることが重要である。そして，③実施可能性（あるいは有用性）が高いこと。解答に60分かかるテストは，どんなに良くできていても，45分間しかない普通の小学校の授業中に実施するのは難しい。加えて，そのテスト結果が，どの程度実際の役に立つのか，対費用効果は十分なのか，こうした有用性も実施する際には重要な要件になる。

■偏差値

　仮に，40人のクラスでテストの平均が60点だとする。では，60点を取った生徒の順位は，クラスの真ん中，すなわち20位なのだろうか。そうとは限らない。たとえば，80点が1人，70点が28人，60点は1人，30点が10人という得点分布でも平均は60点になる。その場合，60点の生徒はクラスで30番目になってしまう。しかも，29位と30位の点数の差は10点だが，30位と31位の差は30点もある。このように，順位だけでも点数だけでも，片方だけで十分にクラスの中の出来

第6章　学習の評価

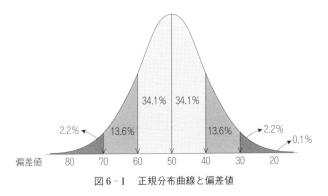

図6-1　正規分布曲線と偏差値

具合をあらわすのは難しい。

　そこで便利なのが偏差値である。偏差値はテストを受けた集団の平均点をもとに，テストを受けた個々人の集団内での相対的な位置を数値化したものである。これは，どんなテストの得点分布も，最終的には正規分布曲線に収束するという前提に基づいて算出される。計算式は以下のとおりである。

$$偏差値 = (得点 - 平均点) \div 標準偏差 \times 10 + 50$$
（なお，標準偏差 $= \sqrt{\{(得点 - 平均点)^2 の総和 \div 全受験者数\}}$ である）

　生徒が取った実際の点数（素点と呼ぶ）にかかわらず，その点数を換算した偏差値が50のとき，その生徒はクラスのちょうど中間に位置することになる。言い換えると，その生徒はクラスの上位50％以内に入っているということである。偏差値が60になると，おおよそ上位16％以内に，71では2％以内に入る。同様に，偏差値40は下位16％以内に入っていることを示している。

　ちなみに，前述のクラスの得点は正規分布していないが，あえて偏差値を算出すると（標準偏差＝17.46として），クラスで1番だった80点の生徒の偏差値はおよそ61.5に，70点の生徒たちの偏差値は55.7になる。また，クラスで10人いた30点の生徒たちの偏差値はおよそ32.8になる。素点とは，受ける印象が違うのではなかろうか。

> 学習課題
> ○将来,教職に就かない人が教育評価について学ぶ意義はあるのだろうか? あるとすれば,どのような意義があるのか,3つ以上書き出してみよう。
> ○あなたが覚えている小学校(あるいは中学や高校)のテストを一つ,しっかりと思い出してみよう。そして,そのテストをこの章で学んだことを使って解説してみよう。

参考文献

南風原朝和(1992)「第9章 教育評価の方法」子安増生ほか『教育心理学』有斐閣に所収(ただし,オリジナルは 南風原朝和・藤野淳子(1991)「子どもはどのような評価方式を望んでいるか」『教育論究』31号,Pp. 1-8とされている)。

池田央(1992)『テストの科学』日本文化科学社。

梶田叡一(2001)『教育評価』第2版補訂版,有斐閣。

西岡加名恵(2003)『教科と総合に活かすポートフォリオ評価法』図書文化。

西岡加名恵編著(2008)『逆向き設計で確かな学力を保障する』明治図書。
　本文中の引用は,出嶌和茂「第3章第2節 民主主義について考える」(91頁)より。

田中耕治(2008)『教育評価』岩波書店。

吉田寿夫(1998)『本当にわかりやすいすごく大切なことが書いてあるごく初歩の統計の本』北大路書房。

推薦図書

東洋(2001)『子どもの能力と教育評価』東京大学出版会。

田中耕治編(2010)『よくわかる教育評価 第2版』ミネルヴァ書房。

吉田新一郎(2006)『テストだけでは測れない! 人を伸ばす「評価」とは』NHK新書。

(関田一彦)

第6章　学習の評価

コラム　新しい学習評価の模索

　今世紀に入り，教育評価の考え方が大きく変わり始めている。従来は，生徒が知識を正確に理解し，与えられた問題を効率よく解くことができるかどうかに，評価の関心が集まっていた。したがって，"正しい"理解や応用の状態が事前に教師によって想定され，生徒をそうした状態に到達させるために授業が行われてきた。学習目標をあらかじめ決めておき，その達成のために教え，どの程度達成したかを評価する，というのが従来の授業観・評価観であった。

　これに対して，たとえばATC21S（Assessment & Teaching of Twenty-First Century Skills Project／21世紀型スキルのための教育と評価プロジェクト）では，21世紀に必要なのは「学習者が互いに理解を深め合い，あるゴールを達成するにつれて新しいゴールを見出し，新しい課題を自ら設定してそれを解きながら前進していく創造的で協調的なプロセスを引き起こすスキル」であると主張する。そして，そうしたスキルの伸長や定着を測るためには，「新しい評価方法，例えば学習が進むにつれて学習者の問いや理解がどう変化するのかを追える評価方法が必要になる」と考えている。学習目標を仮決めして教え始めても，その達成に拘泥されず，生徒自身の学びの進捗・変容を評価しようとする変容的評価を積極的に取り入れていこうという考え方が，世界の潮流になりつつある。

　日本でも国立教育政策研究所が平成24年に，「生きる力」を精査・拡張する方向で21世紀型能力をまとめている。21世紀型能力は，「21世紀を生き抜く力をもった市民」としての日本人に求められる能力とされ，「基礎力」，「思考力」，「実践力」で構成されている（図参照）。ここで特徴的なのは，基礎力が思考力を支え，実践力が思考力の使用を方向性をもって促す，という関係性が3重の円で示されている点である。実践を通じて思考力が発揮され，その力を発揮するためのスキルが基礎力として位置づけられている。したがって，実践に際し，思考力を支えない知識の積み重ねでは意味がない。実践を通じた思考のプロセスと，実際のパフォーマンスを評価することが，新しい時代の学習評価として求められている。

21世紀型能力
実践力
・自律的活動力
・人間関係形成力
・社会参画力・持続可能な未来づくりへの責任

思考力
・問題解決・発見力・創造力
・論理的・批判的思考力
・メタ認知・適応的学習力

基礎力
・言語スキル
・数量スキル
・情報スキル

註）文中の「」で示す引用は，国立教育政策研究所教育課程研究センター（2013）「社会の変化に対応する資質や能力を育成する教育課程編成の基本原理」p. 35 http://www.nier.go.jp/kaihatsu/pdf/Houkokusho-5.pdf に依る。

（関田一彦）

第 7 章　学習の動機づけ

日常生活において「どうしてやる気が出ないのだろう」といった疑問をもったことはないだろうか。同じ課題をやらせても，どうして子どもによってやる気が出る子と出ない子がいるのだろうか。また，同じ子どもでも学習内容によってやる気が違うことがある。教育場面における子どもの「やる気」は，子どもの成長を支えていく上で，教師や親にとって関心のあることがらの一つであろう。本章では，子どもの学習意欲や「やる気」にかかわる「動機づけ」について考える。

第7章 学習の動機づけ

1 動機づけとは

　学校教育の中でも，今次の指導要録において「主体的に取り組む態度」が重視されているように，子どもたちの「やる気」を育むことは指導者に求められる大切な役割の一つと言えよう。「やる気」という心理現象は，心理学では行動を生起させる基本的な要因として「動機づけ」(motivation) という言葉で表され，研究が進められてきた。動機づけの概念は，行動を一定の方向に向けて生起させ，持続させる過程や機能の全般をさす。その行動がどのようなときに起こり，継続し，またどのような方向を向いているのかを説明するときに用いられ，簡単にいうと「ある行動を起こし，それを持続し目標達成へとみちびく内的な力」のことである。

■動因・誘因

　動機づけに関わる用語に，「動因」「誘因」というものがある（McClelland, 1987)。生活体を行動に駆り立てる内部的な力を動機（motive），あるいは動因（drive)，要求（need）とよび，動因を生じさせる外部的な力を誘因（incentive）と呼ぶ。動機づけは，動因と誘因との相互作用によって説明される。たとえば，空腹のときは生理的欲求（食欲）が生じ，食物を求める行動に駆り立てられる。生き物にとっては，この不快な状態を避けるように身体が反応するのである。この生活体内に生じる，行動に駆り立てる力を動因と呼び，行動の発生，持続，停止を説明するものとなる。そして食物のように，生活体の外にあって行動の目標となるもの（この場合は食物を食べること）を誘因という。この動因と誘因の関係は，まず動因が存在し，次に誘因に向かって行動が動機づけられるという場合もあるが，たとえば，美味しそうな食べ物（誘因）を目にしたときに，食欲がわく（動因の喚起）など，相互に影響し合っている。

　動機づけの理論としては，ある動因が生じた場合，それを満足させ低減させるために動機づけが働くという，動因低減説がある。これは，個体内の生物学

的動機を重視している。これに対して，動因導入説は，人は自らこの動因を求めて行動するという考え方である。

■動機づけの機能

動機づけには，行動に対して4つの機能があると考えられている。1つめは，「行動喚起機能」である。「行動喚起機能」とは，人間の行動を喚起する働きであり，行動を起こすきっかけになる。2つめの「行動維持機能」は，行動を持続する働きであり，3つめの「行動調整機能」は，行動を調整しながら持続させる機能，最後の「行動強化機能」は，その行動や目標を成し遂げたあとに，もう一度それに取り組んでみたいと思うことである。

これを学校での授業に適応してみると，導入部分を工夫することによって，子どもの興味・関心をひきつけ（行動喚起機能），学習を持続させ（行動維持機能），課題に応じて助言やサポートをおこないながら（行動調節機能），課題を達成させる。何かを成し遂げる経験は，欲求の充足からくる快の感情をもたらし，それによって学習活動にまた取り組みたいという動機づけとなる（行動強化機能），という具合である。

■欲求の種類

動機は欲求とも呼ばれるが，個体の行動を活性化し方向づける動機づけの内的な原因と言える。欲求は生得的なものと後天的に獲得されるものの2種類に分けられる。人間が生きていくための基本的な欲求は一次的欲求（または生理的欲求）と呼ばれ，食欲・性欲・睡眠欲・排泄欲・呼吸の欲求・体温維持の欲求・毒性回避の欲求などが含まれる。個体差があまりないことが特徴であり，その多くは，生体内部の生理的状態を常にある一定の状態に調整するホメオスタシスの仕組みによって制御されている。その意味で，生命維持に必要な欲求といえる。

これに対して後天的に獲得される欲求は二次的欲求（または社会的欲求）と呼ばれ，生命維持と直接関係はないが，人間関係を維持するために必要である。

図7-1 マズローの欲求階層説

社会の中で学習のプロセスを介して形成され，社会的な文脈の中で起こってくるものであり，所属・愛情・自尊・承認・自己実現などの欲求がある。マズロー（Maslow, 1954）は人間の欲求は低次の欲求から高次の欲求へと系統的な順序で発達し，それによって自己実現（self-actualization）に至ると述べている。彼の提唱した欲求の階層説によると（図7-1参照），人間にとって究極の目的は自己実現であり，このピラミッドの中で一度高次の欲求に進むと，それ以前の低次の欲求は，その個体にとって比較的重要度の少ない役割しかもたなくなる。

■自己決定理論

近年の動機づけ理論の中で，欲求と関連するものに自己決定理論（self-determination theory）がある。そこでは，動機づけを高めるための3つの欲求が重要であるとされている。1つめは有能さ（competence）への欲求であり，周りの環境と効果的に相互交渉できる能力を身につけようとする欲求である。2つめは自律性（autonomy）への欲求であり，外からの働きかけからではなく，自分から行動を起こそうとする欲求，3つめは関係性（relatedness）への欲求であり，人と関わりをもとうとする欲求である。これらの欲求を満たすよう行動することが動機づけを高めることにつながる。

次項の動機づけの内在化モデルは，自律性の高低という観点から外発的動機づけを分類している。また，自分で課題の内容ややり方を決定できるという感覚を自己決定感というが，これも動機づけを高める重要な要因であり，本章の終わりのコラムにも紹介されている。

■動機づけの内在化モデル
　自己決定理論では，自律性の高低という観点から，動機づけの内在化の段階を4つのタイプに分けている。1つめは，外からの働きかけや何かの報酬を目的として勉強する外的調整（external regulation）である。これは「親や先生から叱られるから勉強する」といった形の動機づけである。2つめには，勉強させられているという感覚をもったり，不安やあせり，恥ずかしさを感じて学習に取り組むという取り入れ的調整（introjected regulation）である。これは，活動の価値が自分の中にある程度「取り入れ」られている状態である。だが，活動そのものよりも，活動の結果ほめられたり，失敗して恥ずかしく思ったりという結果のほうが重要となっている。3つめは勉強の価値・必要性を感じて学ぶという同一化的調整（identified regulation）であり，「自分にとって大事だから勉強する」というように，活動の価値が自分自身の価値観と一致している状態で，より自律的な動機づけといえる。4つめは，統合的調整（integrated regulation）といい，活動の価値が十分内在化されており，活動することが自己の目標や価値観，欲求と一致し，もっとも自己決定の進んだ段階といえる。そして，さらに自己の内発的調整（intrinsic regulation）によって動機づけられることを内発的動機づけといい（次節で解説する），自律性の高さに応じて動機づけの段階が進んでいくこととなる。

2　動機づけの種類

■外発的動機づけ
　子どもに何かの仕事や学習活動をさせようとする場合，教師や親は賞罰や競

争などを用いて子どもの動機づけを高めようとすることが多い。このように，行動の目的が仕事や学習以外の外的報酬にあることを，外発的動機づけ (extrinsic motivation) という。つまり，外部からの何らかの働きかけによって活動するような場合，たとえば，親や先生にほめられたいとか，何かを買ってもらうために勉強するといった場合，学習の動機が学習活動から切り離されて外にあるために，外発的動機づけという。この場合，報酬によって人を目標達成に動機づけることは比較的容易であるが，その効果は報酬をもらうという目標が達成されれば終わってしまい，長続きするものではない。

① 賞罰の効果

賞賛と叱責（罰）は，外発的動機づけにおいて用いられる外的報酬の中でもっとも代表的なものである。賞罰の効果は子どもによって異なり，外向的な子どもには叱責が，内向的な子どもには賞賛がより効果的であると言われている。叱責は，一般にしつけにおいては社会的にのぞましくない行動を抑制する目的で用いられる。

賞と罰にはそれぞれ問題点がある。賞状のような象徴的報酬や，言語と身体接触による賞賛は外発的動機づけを高めるのには効果的であるが，内発的動機づけを抑制することもあるので，外的報酬の効果的な使用が必要と言える。また，子ども自身の創意工夫の意欲を低めたり，賞が何もないときには，意欲が低下するなどの問題点もある。罰の問題点としては，罰だけでは何をしたらよいのかわからないという点や，罰を与える人との人間関係が悪化するなどの点があげられる。また，親子関係，教師と子どもの関係がどのようなものかによって，賞賛と叱責の効果は異なると考えられるため，賞罰を与えるときには，与えられる人の年齢，性格，レディネスなどを考慮に入れるべきである。

② 競争と協同

動機づけを高める方法の一つとして，競争場面を設定することがある。競争には，個人間，集団間，個人の過去の成績との競争などがある。個人間競争で

は、自己の能力に関心が高まり、勝者は自己の有用さを感じることができるが、敗者は自己の能力不足を感じることとなり、不満足感を感じることとなる。集団間の競争では、メンバーは協力し合いながら集団としての結果を出すように努力するので、自らに課せられた役割を担うことが要求される。そのため、協同で活動することにより、協調性や責任感、社会性が発達することになる。

競争と一言にいっても、メリット・デメリットは存在する。たとえば、個人間競争が過ぎると、子ども同士の間に好ましくない優等感や劣等感、また敵対心が生まれる可能性もある。また、活動の目的が「勝ち負け」になってしまい、本来の「どれだけ学びを深めるか」「どれだけその活動に価値を見出せるか」といった、後に述べる内発的な動機づけを高める要因を妨げることになるため、状況や子どもの発達に適した競争場面、また協同場面の設定が必要である（Ames, 1984）。

協同学習は、学習という営み自体を、従来の個人の頭の中だけで生じている営みではなく、人と人との対話や学びによって成立する社会的実践であると捉える新しい学習観を基盤にしている。「自分の学びが人の役に立ち、人の学びが自分の学びを深める」という視点にたち、協同して学習課題に取り組む中で、学習者の協調性や社会性、またコミュニケーション能力を高める効果があり、学習意欲にもプラスの影響を与えると言える。

■内発的動機づけ

人が仕事や学習、遊びに打ち込むのは、ごほうびや賞など外発的に動機づけられるときだけではない。外的な報酬に依存せず、その活動そのものに興味をもって取り組んでいる状態、つまりその行為自体が報酬となるような動機づけのことを、内発的動機づけ（intrinsic motivation）という。たとえば、子どもが、勉強内容に興味をもち、学ぶこと自体を目的として自ら積極的に取り組む場合がこれにあたる。この場合、新しい知識を学び達成感を味わうこと自体が目的となっているからであり、行動の原因の所在が内的になるからである。このように、内発的動機づけは自ら取り組もうとする「自発性」と、活動すること自

体に目標を見出す「内的目標性」によって特徴づけられている。人には，ある種の課題の達成に内的に動機づけられるという生来の傾向があり，内発的動機づけの"intrinsic"という英語の意味は"内在性の""本来備わった"という意味であることを考えると，それも理解できよう。内発的動機づけを支える要素に知的好奇心（epistemic curiosity），機能的自律（functional autonomy），他者受容感（sense of acceptance by significant others）などがある。

① 知的好奇心

　人は，珍しいことや自分の知らないこと，特に適度の驚き・不調和・複雑さを感じる刺激に直面したときに，そのことをもっと知りたい，理解したいと興味・関心をもつ傾向がある。これは知的好奇心とよばれ，自己決定感や有能感とともに，内発的動機づけを支える要因として知られている。知的好奇心から起こる行動は，外的報酬に依存しないものであり，人の本来もつ探究心やより深い理解を求める意識に動機づけられており，内発的動機づけの原型とも言えよう。子どもが今まで持っていた知識や認知体系との間に適切なずれのある情報に遭遇すると，知的好奇心が刺激され，そのずれを低減させようとする動因が生じる。こうしたずれを感じる場合として，稲垣（1984）は以下の3つをあげている。

(1) 既有の知識から生じる期待に反する事象が提示される場合
(2) 討論や論争によって，ある事象の予測や説明に対して複数の対立的な見解が存在することが認知される場合
(3) 自分のもっている知識に基づいて実際に課題をやってみる場合

　また，バーライン（Berlyne, 1962）は，認知的葛藤という言葉を用いて，知的好奇心を強化するプロセスを説明している。人は，既存の認知構造とのずれや不一致から葛藤を感じたり，納得できない情報を与えられると不快感をもつ。それが動因となり，葛藤を解消するために課題に関心をもち，知的行動をとる習性があり，これを認知的葛藤とよぶのである。認知的葛藤が生じた人は，課題への知的好奇心を高め，葛藤を解消するように学習活動に動機づけられる。

知的好奇心は，子どもの学びへの純粋な「知りたい」という動機につながるので，授業構成，教材の選択，学習スタイルなどを工夫することによって，子どもの知的好奇心を喚起し，学習への内発的動機づけを高めるような授業が望まれる。

② 機能的自律

　もとは目標のための手段であったものが，目標そのものに転化することを機能的自律（functional autonomy）という（Allport, 1937）。たとえば，子どもが最初はお菓子がもらえるからお手伝いをやっていたのが，お手伝い自体が面白くなってきて，お菓子がもらえなくてもお手伝いを続けるといったような場合である。学習も，最初は外発的動機づけのような賞罰によって動機づけられることも必要だが，次第に学習それ自体に価値を見出し，「学ぶこと自体が楽しい」となってくれば，機能的に自律した動機を獲得することができたと言えよう。

　また，低学年の子どもは，しつけや基本的生活習慣の形成などにおいて，賞罰などの外発的動機づけが主要な役割を果たすことが多い。たとえば，挨拶という行為ひとつとっても，最初は家庭や学校において，さまざまな形で外発的に動機づけられていく。しかし成長とともに，子ども自身が挨拶のもつ社会的意味を理解し，親や教師からの外発的な働きかけがなくなっても自分から挨拶をするようになる。これを機能的自律といい，子どもの精神的発達にともなって，外発的動機づけから内発的動機づけによる行動へと移行するような指導が重要である。

③ 他者受容感

　他者受容感は「私はまわりの人から受容されている，受け入れられている」と感じることであり，自己肯定感，自尊感情にも影響を与える。教師からの受容感を考えてみると，たとえば，同じ課題をやる際にも，教師からの受容感が感じられる子どもはがんばっていい成果を出そうと努力し，成功すればほめられることによって意欲が高まる。だが，教師からの受容感が感じられない子ど

もは，よい結果を得たとしてもそのことに対して教師からの十分な承認が得られないと感じるため，よくできたという達成感を得ることができず，動機づけが低下するおそれがある。子どもは，まわりの人から受容されていると感じればこそ，おびえることなく安心して勉強ができ，たとえ学習につまずいてももう一度やり直してみようという気持ちになれる。これに対して，他者受容感がない状態では「行動しても，うまくいかないと受け入れてもらえない」という感覚をもつことになる。すると人はすぐに成果を求めるようになり，じっくり腰をすえて物事に取り組むことが難しくなる。自分の存在そのものが周囲に受け入れられている，という安心感があってこそ目先の失敗にとらわれないねばり強い姿勢や意欲が生まれてくると言えよう。このように，他者受容感は有能感にもつながる重要な要素と言えるのである。

④ フロー

　次に，内発的動機づけに基づく行為と関連する心理現象として，フローを紹介する。

　時間を忘れて好きなことに打ち込むことは，意欲が高まり，内発的に動機づけられているもっとも理想的な状態といえる。人は，何かに没頭しているとき，たとえば時間を忘れて読書をしているときや，神経を集中させてスポーツしているときなどは，独特の心理状態にあるといえる。このように，自分のもつエネルギーをすべて特定の活動に集中させるとき，心はどのような状態なのだろうか。人が何かの活動に深く没入し，打ち込んでいる状態をフロー（flow）という。フローとは，内発的に動機づけられ，自己の没入感覚や強い統制感，楽しさや充実感をともなった経験のことを指す。フローが生じるためには，活動の挑戦のレベルが，今の自分の能力を向上させるものとみなされていることが必要である。挑戦のレベルが低くなりすぎると「退屈」を覚えるようになるが，適度に高めることで意欲も増す。だが，挑戦のレベルが，今の能力や技術レベルよりも高くなりすぎると「不安」や「心配」を感じ，フロー状態は保てなくなる。フロー状態を保つには，能力のレベルに合わせて挑戦のレベルを高めて

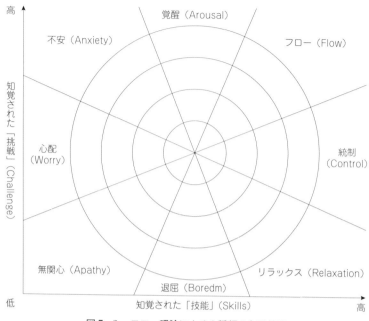

図7-2　フロー理論による8種類の心理状態
(出所)　Nakamura & Csikszentmihalyi (2002).

いく必要がある。

3　動機づけと学習

■達成動機

　学習意欲を支えている重要な動機として，「やる気」や「意欲」により関連した達成動機（achievement motivation）がある。これは，高い目標を掲げて，それを成し遂げようとする欲求であり，困難を克服し，さらに高い基準での成功を求めて努力する動機のことをさす。また，ある課題をできるだけ上手にやり遂げようとしたり，できるだけ速く確実にやり遂げようとする動機も含まれる。

第7章　学習の動機づけ

表7-1　達成行動における原因帰属の要因

	統制の位置			
	内的統制		外的統制	
	安定	不安定	安定	不安定
統制不可能	能力	気分・体調	課題の困難度	運
統制可能	日頃の努力	直前の努力	教師の熱心さ	家族や友人の一時的な助け

（出所）　Weiner（1974; 1979）．

■原因帰属

　たとえばテストで思いもかけずいい点が取れたとき，それはどうしてなのかと考えたことがあるだろう。このように「なぜうまくいったのか」あるいは「なぜうまくいかなかったのか」というように，ある行為の成功・失敗に関する原因を何に帰するかを原因帰属（causal attribution）という。この原因帰属は，動機づけを規定する認知的要因として重視されている。従来の研究では，帰属の要因として，能力，努力，課題の困難さ，運の4つが検討されてきた。さらに，ワイナー（Weiner, 1974; 1979）は帰属の要因を表7-1に示すような3つの次元で説明しようとした。1つめは統制の位置であり，これは原因が自分の内にあるのか（内的），外にあるのか（外的）という次元である。2つめは，安定・不安定の次元であり，その原因は時間の経過とともにあまり変化しないものか（安定），変化しやすいものか（不安定）を区別する基準である。3つめは統制可能性の次元であり，その原因をコントロールできるのか（統制可能），できないのか（統制不可能）という次元である。能力や運などは，個人の意志によってコントロールできないものであり，統制不可能な要因となるが，努力などは個人の意志によって統制可能な要因とみなされる。

　ワイナーによれば，達成動機の高い人は，成功を能力の高さと努力に帰し，失敗を努力不足に帰属させる傾向がある。能力も努力も個人に内在する内的要因であるから，これらによって成功したことは賞の経験をもたらし，次の課題での成功の期待を高める。また，失敗を内的統制が可能な努力不足に帰属させることによって，努力で次の課題を成功させる可能性が見出され，努力を持続

させることが可能になる。

　これに対して，達成動機の低い人は，成功を課題のやさしさと運の良さに帰属させ，失敗を自身の能力不足に帰属する傾向があるとされる。能力は個人の内的要因でかつ安定しているものなので，これによって失敗したことは恥の感情につながり，罰を経験することになる。すると次回の課題への成功の期待が低くなり，達成行動は減少すると考えられている。このことから考えると，たとえ失敗したとしても，その原因を努力不足に帰属すれば，やる気を維持していくことが可能になる。それが，能力に帰属してしまうと「自分にはもともと力がないから失敗した」となり，自尊感情を低め，意欲を低下させることとなる。失敗を統制可能な努力という要因に帰属させることが，次の取り組みの期待へと重なり，意欲が維持されると言える。

■自己効力感と有能感

　人が課題に積極的に取り組むためには，その活動に興味をもつだけでなく，その活動をうまく遂行できるという自信をもつことが必要である。ある課題に直面したときに，期待された結果を自分の知識や技能などによって得ることができるかという自信や信念を自己効力感（self-efficacy）という。自己効力感は現在の状態だけでなく，未来において起こりうることについての自己評価であり，課題によっても変わるものである。

　バンデューラ（Bandura, 1977）は自己効力感を，結果期待と効力期待の2つのタイプに分けている。結果期待とは，課題を遂行するときに成功するかどうかについての期待であり，効力期待は，成功するための行動をうまくおこなうことができるかという期待である。子どもが自己効力感を高めるには，効力期待をもつ方が効果が大きいと言われる。課題を遂行するときに，進歩を確認しやすい目標を設定し，子どもにできるという自信をもたせることが重要である。また，バンデューラは自己効力感を高めるために以下の4つの要素が重要であるとしている。1つめは「成功経験」であり，成功するという経験は個体内の効力感の確固たる基盤を形成する。2つめは「社会的なモデリング」であり，

自分と類似している他者が持続的な努力で成功しているのを見ることで，自身も同じことができるようになると自信をもつことである。3つめは「説得者の信頼性」であり，自分がある程度自己効力感をもっていることを信頼する他者から認められたり，励まされることによって，さらに意欲が高まる。4つめは「生理的な状態からの部分的依存」であり，自分の生理的な状態（たとえば，試験中に汗をかいたり，ふるえたりといった症状）を見ることで，自己効力感の状態を判断する手がかりになる。そして生理的な身体的症状の解釈のしかたを変えることで自己効力感を高めることができる。

　人間には，本来生まれながらにして自律的であり，自らの能力や機能を発達させようとする傾向がある。また，周囲の環境に働きかけることによって，自分の有能さを追求しようとするものであると考えられる。こうした有能感をコンピテンス（competence）といい，有能さへの欲求は特に内発的動機づけを構成している基本的な欲求の一つと言える。コンピテンス（有能感）とは，自分自身の一般的な能力についての自信のことであり，自己効力感よりも不変で包括的なものとされている。学年が進むとコンピテンス全般が低下していく傾向が見られるため，その改善の手立てを指導者は模索していく必要がある。

■学習性無力感

　人間は，いくら努力してもそれが仕事や学習において成果として現れないと意欲を失い，次に解決可能な課題に出会っても，「何をしてもどうせダメなんだ」と課題に対して適切に対処しようとしなくなる。これは，自分の努力と結果とが無関係であると認知するため，学習性無力感（learned helplessness）と呼ばれている。

　セリグマンとメイヤー（Seligman & Maier, 1967）の実験では，イヌを用いて回避学習をおこなった。まず，イヌを逃げられないように縛り付け，音刺激と電気ショック（嫌悪刺激）とを与えた。その後，音刺激の後に低い障壁を乗り越えれば電気ショックから逃れることができるという状況を設定したが，イヌは電気ショックから逃れようとはしなかった。イヌが学習したことは，電気シ

ョックが回避不能であり（統制不可能性の認知），自分の行動が無力であるということであった。また，場面が変わっても自分の行動は無力である（統制不可能性の予期）と思いこんでいるため，回避する行動を新たにとることができない。これを行動と結果の非随伴性（non-contingency）の認知とよび，自分の力で環境を変えることができないという体験を重ねることで「あきらめ」にも似た無気力状態の行動様式が学習され，意欲がどんどん減退していくのである。そして，この無力感を一度形成してしまうと，人間の場合うつや不安といった情緒的な問題を引き起こすこともあり，その無気力から立ち直ることは大変難しいとされる。また，この学習性無力感は，あくまでも自分の行動に結果が随伴しないという認知を重ねることで生じるので，単に失敗する経験を重ねることによって無気力になるということではない。

　こうした無力感に陥った子どもには，成功体験をもたせ，自己の有能感を高めていくことが必要であると考えられる。そのためには，課題の難易度を考慮するとともに，もし失敗した場合，それを努力不足に帰属させることが動機づけを高めるために必要といえる。ただし，十分努力しても失敗すれば，それが能力不足を示すことになるため，成功が期待できない場合には，最初から努力をしないで失敗を努力不足に帰属する（能力不足の帰属を回避する）ことがある。したがって，教師が適切な目標を設定することや効果的な学習方法を提示することによって，成功するための明確な見通しを与えてやることが必要であるといえる。さらに，単にやさしい課題を与えて成功の経験を多く積み重ねることよりも，成功や失敗に関する子どもの認知，原因帰属の仕方を変えることが意欲を引き出すのに効果的である。

■動機づけを支える友人関係

　学習につまずいて意欲が低下しそうなとき，友人からの励ましや助けがあれば，難しい勉強にも取り組むことができる。その意味で，友人関係は動機づけを支える一つの要因と言える。友人関係を捉える視点として，受容（acceptance）という概念がある。これは，自分が友人からどの程度受け入れられて

いるかを友人関係の指標とするものである。また，自分の成績や能力を判断するさいに，友人との比較をおこなう社会的比較（social comparison）もあげられる。自分より成績が上の人間と比べることを「上方比較」，成績が下の人間と比べることを「下方比較」と呼ぶが，上方比較ばかりをおこなうと有能感が低くなるおそれがある。しかし，時にはよくできる友人と比べることで，「自分も負けないようにがんばろう」と動機づけられることもあり，意欲が増す場合もある。また，学習場面で困難が生じた場合，他者に助けを求める学業的援助要請（academic help-seeking）という行動もあり，これも，学習の効果を高めるうえで必要なものである。学業的援助要請には，自分で問題を解決しようと努力したあとに，答えではなくヒントをくれるように頼む「適応的（道具的）援助要請」と，自分で問題を解く努力をせず，答えをたずねる「依存的援助要請」がある。援助要請自体は学習において重要なものであるが，依存的援助要請はあまり適切なものといえず，成績の低さや学業に対する不安の高さと関連することがわかっている。

■教師の働きかけ

　教師との関係は，子どもの動機づけに影響を及ぼす。たとえば，教師の信念や期待，原因帰属，相互交渉の仕方が子どもの遂行期待や自己効力感に影響を与えると考えられている。教師が何を考え，何を期待しながら子どもに働きかけているかが，子どものやる気や自己価値観に影響するのである。このような観点からみると，教育場面において，教師のはたらきかけが，子どもの動機づけを高めるのに重要な意味をもつことがわかる。ブロフィー（Brophy, 2004）は，学習動機づけを高めるための学級経営について，子どもの動機づけを高めるためには，動機づけを社会化することが重要であるとしている。すなわち，学級内での教師との相互作用，指導の仕方，正確なフィードバック，報酬や罰などを通じた社会化の過程を重視すべきであり，子どもにとって重要な他者から与えられる社会化が動機づけの可能性を左右するということである。

> 学習課題
> ○内発的動機づけと外発的動機づけについてその違いを論じなさい。
> ○動機づけに影響を与える望ましい友人関係について考えてみましょう。

参考文献

Allport, G. W. (1937) *Personality : A psychological interpretation*, New York: Henry Holt.

荒木紀幸編（2007）『教育心理学の最先端――自尊感情の育成と学校生活の充実』あいり出版。

Ames, C. (1984) Competitive, cooperative, and individualistic goal structures: A cognitive-motivational analysis. In R. Ames & C. Ames (Eds.) *Research on motivation in education Vol. 1 student motivation*, Florida: Academic Press, Pp. 177-207.

Bandura, A. (1977) Self-efficacy: Toward a unifying theory of behavioral change, *Psychological Review*, 84, Pp. 191-215.

Berlyne, D. E. (1962) Motivational problems raised by exploratory and epistemic behavior. In S. Koch (Ed.) *Psychology : A Study of science. Study II : Empirical substructure and relations with other sciences. Vol. 5. The process areas, the person, and some applied fields : Their place in psychology and in science*, New York: McGraw-Hill, Pp. 284-364.

Brophy, J. (2004) *Motivating students to learn*, NJ: Lawrence Erlbaum Associates. （ブロフィ, J., 中谷素之訳（2011）『やる気をひきだす教師――学習動機づけの心理学』金子書房。）

Covington, M. V. & Omelich, C. L. (1979) Effort: The double-edged sword in school achievement, *Journal of Educational Psychology*, 71, Pp. 169-182.

Deci, E. L. (1971) Effects of externally mediated rewards on intrinsic motivation, *Journal of Personality and Social Psychology*, 18, Pp. 105-115.

クラスト, D., 桜井茂男訳（1999）『人を伸ばす――内発と自律のすすめ』新曜社。

稲垣佳世子（1984）「知ることへの動機づけ」日本児童研究所編『児童心理学の進歩』金子書房。

Maslow, A. H. (1954) *Motivation and personality*, New York: Harper.

McClelland, D. C. (1987) *Human Motivation*, Cambridge University Press.

Nakamura, J., & Csikszentmihalyi, M. (2002) "The concept of flow". In C. R. Sny-

der & S. J. Lopez（Eds.）*Handbook of Positive Psychology*. Oxford: Oxford University Press, Pp. 89-105.
中谷素之編（2007）『学ぶ意欲を育てる人間関係づくり――動機づけの教育心理学』金子書房。
西村純一・井森澄江編（2006）『教育心理学エッセンシャルズ』ナカニシヤ出版。
Seligman, M. E. P. and Maier, S. F.（1967）Failure to escape traumatic shock, *Journal of Experimental Psychology*, 74, Pp. 1-9.
杉原一昭・新井邦二郎・大川一郎・藤生英行・濱口佳和・笠井仁（1996）『よくわかる発達と学習』福村出版。
Weiner, B.（1974）*Achievement motivation and attribution theory*, General Learning Corporation.
Weiner, B.（1979）A theory of motivation for some classroom experiences. *Journal of Educational Psychology*, 71, Pp. 3-25.

推薦図書
桜井茂男（1997）『学習意欲の心理学――自ら学ぶ子どもを育てる』誠信書房。
上淵寿編（2007）『動機づけ研究の最前線』北大路書房。
上淵寿編（2007）『感情と動機づけの発達心理学』ナカニシヤ出版。
伊藤崇達編（2007）『やる気を育む心理学』北樹出版。
速水敏彦・橘良治・西田保・宇田光・丹羽洋子（1995）『動機づけの発達心理学』有斐閣ブックス。

（富岡比呂子）

コラム　外的報酬のデメリットとは？

　ある課題を，自分で選択したり，どのように課題に取り組むかを自分で決定すること，また決定したいと思う認知や感情を自己決定感とよぶ。子どもが自己決定感をもつと，学習内容に興味をもち，自分から主体的に熱心に取り組もうとする傾向があり，この傾向は小学生から大学生にまで見出されている。ある行為が，内発的動機づけによっておこなわれているとき，外的報酬がその内発的動機づけを低下させることがあり，これを過正当化効果という。

　デシ（Deci, 1971）は外的報酬が内発的動機づけを低下させることを明らかにしている。実験では，大学生を被験者にして，報酬群と無報酬群を設け，3日間にわたってパズル解きの課題を与えた。1日目は，報酬群，無報酬群の両方の被験者にパズルの課題を自由にさせる。2日目では，報酬群の被験者にだけ，パズルが解けるとお金を報酬として与えたが，無報酬群はお金を与えず，パズルを解かせた。3日目では，両群とも1日目のように報酬を与えずにパズルを自由に解かせた。その結果，無報酬群は3日間ともパズル解きに意欲を示し続けたが，報酬群の被験者は3日目でパズル解きへの意欲を低下させてしまったことがわかった。なぜ報酬を与えると，内発的動機づけが低下してしまうのだろうか。これについて，デシは，外的報酬を与えてしまうことによって，遊びや活動の行動それ自体が目的になるのではなく，報酬に依存してしまい，報酬（この場合はお金）を得ることが活動の目的になってしまうからだと解釈している。つまり，「自分は報酬をもらうためにパズル解きをさせられているんだ」という認知が，自発性を損なわせる結果になったのである。この場合は内的動機づけを低減させているのは報酬そのものではなく，報酬に対する期待であると言える。また，本来の内発的な理由が報酬を得たことで割引かれるということで割引原理（discount principle）とよぶこともある。

　創造性が要求される課題の場合には，特に報酬が否定的なはたらきをする。創造的作業には幅広い探索や思考が必要であるが，その場合報酬を与えると，報酬が作業を手段化してしまい，視野を狭めることになるからである。だが，常に報酬が動機づけを抑制するとも限らないため，報酬を与えることの意味をしっかりと理解したうえで子どもに働きかけることが必要と言えよう。また，この場合は報酬を与える人と与えられる人との人間関係にも着目するべきである。報酬を頻繁に与えすぎると，報酬をもらうために学習するようになり，報酬がなければ自分からは学習しない消極的な子どもになるおそれがある。

　デシは，この結果をふまえて，内発的動機づけには，自己決定性や自己原因性が非常に重要だとしている。たとえば，勉強をしようと思っている子どもが，お母さんに「勉強しなさい」と言われると急にやる気がなくなってしまう現象は，子どもの自己決定性が阻害されたために内発的動機づけが低下したためと考えられる。また，上記のように報酬を与えることも他者にコントロールされている感覚を生じさせることによって，「自律性」の感覚を失わせ，意欲を低下させる働きがある。

（富岡比呂子）

第7章 学習の動機づけ

コラム　努力を隠そうとするのはなぜ？

　原因帰属の理論によれば，たとえ失敗をしても，その原因を努力に帰属すれば，意欲が低下するのを防げるということになる。だが，自己価値や自尊感情の観点から考えると，この理論がいつも通用するかどうかは難しい。

　ケヴィントンとオメリック（Covington & Omelich, 1979）は場面想定法による調査によって，失敗したときの自己評価について調べた。大学生に対し，試験で失敗した状況をイメージさせるというものである。次の4つの条件で，能力の判断，恥の感情，教師からの罰の観点から評価をさせた。

① 理由があり（病気など），努力しないで失敗する
② 理由がなく，努力しないで失敗する
③ 十分に努力するが，理由があり（ヤマがはずれたなど）失敗する
④ 十分に努力するが，理由がなく失敗する

　結果をみると，④が一番恥ずかしく感じ，能力が低いと評価され，①が一番恥の感情が低く，能力も高いとみなされていた。教師の罰としては②が一番高かった。このことからわかることは，自分に能力があることを示すには，同じ失敗をするのでも努力をしないほうが自己価値を保てるが，理由もなく努力しない②だと，教師の罰がある。このように，努力をすると能力のなさが露呈し，努力しないと罰を受けるという事態を，ケヴィントンとオメリックは「両刃の剣」と表現した。この4つを比較すると，①のようにきちんと理由がある場合は恥の感情も少なく，先生に叱られることもない。さらにいいことには，もし①の条件で成功した場合は，努力せずに成功できたということで，自分の能力が高いことを示すことになる。この観点からみると，何か課題を遂行する際に，努力しない（もしくは努力できない）言い訳を作ることがよくあるのは，自尊感情を保つためにやっていることだということがわかる。

　自尊感情を守るためにとる方略としては，あえて難しい課題をやろうとしない「回避行動」（avoidance behaviors），課題がわからなくても助けを求めようとしない「援助要請の回避」（avoidance of help-seeking），今すべきことを先に延ばしてしまう「引きのばし」（procrastination），故意に課題遂行の障害を作り，失敗の原因を自己に帰属するのを避けようとする「セルフ・ハンディキャッピング」（self-handicapping）などがある。子どもが学習意欲を低下させず，自尊感情を高めていくためにも，教師が「努力」という行為をどう捉えて励ましていくのかが重要になるであろう。

（富岡比呂子）

第8章　学級集団とその指導

教室はまちがうところだ／みんなどしどし手をあげて／まちがった意見を言おうじゃないか／まちがった答えを言おうじゃないか
　まちがうことをおそれちゃいけない／まちがったものをわらっちゃいけない／まちがった意見をまちがった答えを／ああじゃないかこうじゃないかと／みんなで出しあい言いあうなかでだ／ほんとのものを見つけていくのだ／そうしてみんなで伸びていくのだ
　まちがいだらけのぼくらの教室／おそれちゃいけない／わらっちゃいけない／安心して手をあげろ／安心してまちがえや／まちがったってわらったり／ばかにしたりおこったり／そんなものはおりゃあせん
　まちがったってだれかがよ／なおしてくれるし教えてくれる／困ったときには先生が／ない知恵しぼって教えるで／そんな教室作ろうやあ

『教室はまちがうところだ』（蒔田晋治・作　長谷川知子・絵　子どもの未来社より一部抜粋）

1 学級集団の心理学的構造

■集団の心理学的構造

　まず，集団の意味と構成要素について述べておきたい。集団とは，単なる集合とは異なり，目標や規範を共有し，一定の期間安定した関係を維持し，相互に影響を及ぼし合っている人間の集まりのことである。そして，集団を構成している要素として，次のものが考えられ，それらは集団指導にあたっての着眼点を示している。「集団目標」（group goal）とは，集団の形成あるいは集団活動の目的となるもので，集団成員の活動を一定の望ましい状況に導く機能をいう。シュマックら（Schmuck & Schmuck, 1983）は，「個人 - 集団」「社会・情緒 - 課題達成」の2つの次元から集団目標を整理している。この視点には，目標と形態が密接な関係にあることが示唆されている。「集団規範」（group moral）とは，集団に認められ，その成員に従うことを要請される判断・態度・行動の枠組みのことである。学級集団の発展の過程にしたがって徐々に形成されていくものであり，学級の状況によって一致度や程度に違いがあることが知られている。「集団構造」（group structure）には，権力構造，コミュニケーション構造などさまざまな次元があるが，最もよく知られているのが，ソシオメトリック構造である。この点については，本章第2節で解説する。「集団凝集性」（group cohesiveness）とは，集団としてのまとまりの程度のことであり，魅力や利得など，集団にとどまるように成員に作用する心理学的な力のことである。集団構造を再構造化する教師の働きかけによって，集団凝集性が高まるという研究報告がある。「リーダーシップ」（leadership）とは，集団を統合する機能の総称であり，この点については本章第2節で解説する。

■Q-Uテスト

　具体的に個々の学級の心理学的構造を理解するための方法としては，さまざまなものが開発されている。それらの中で，たとえばQ-U（questionnaire-utilities）テストはよく知られている。これは，小学校低学年用から高等学校用まで4種類あり，いずれも学級満足度と学校生活意欲とを質問紙によって把握し，児童生徒個々人への個別指導，学級全体への集団指導に活用することができる。具体的には，次の2つの内容から構成されている。

　学級満足度（いごこちのよいクラスにするためのアンケート）は，承認と被侵害の2つの要因に基づき，ルール（規範）とリレーション（親和的人間関係）のバランスによって診断される（図8-1・8-2，表8-1参照）。

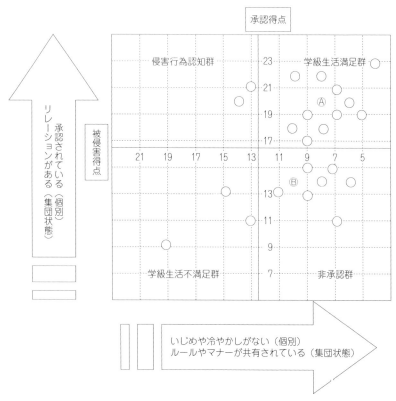

図8-1　「承認」「被侵害」の2要因の組み合わせによるプロット図
（出所）　粕谷（2009）。

第 8 章　学級集団とその指導

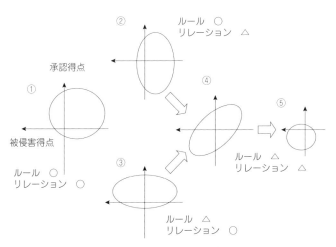

図 8-2　学級集団の変化のプロセス
（出所）粕谷（2009）。

表 8-1　プロットの分布傾向から推測される集団の状態像

①ルールもリレーションもある良好な状態	②リレーションが低下しているかたさのみられる状態	③ルールが低下しているゆるみのある状態	④ルールとリレーションが低下し，荒れ始めた状態	⑤ルールもリレーションも失われ荒れた状態
学級にルールやマナーが共有されており，子どもたちの関係性も親和的。意欲的に活動に取り組む子どもたちがほとんどで，授業での発言やお互いのかかわり合いも積極的な状態。	静かで落ち着いた状態に見えるが，人間関係が希薄なので，子ども同士の関係にも距離がある。緊張や不安があるため沈滞した雰囲気。活気がなく子どもたちの意欲にはバラツキがある。	のびのびとして明るい雰囲気の状態に見えるが，集団生活で必要なルールやマナーが低下しており，不規則発言や私語，掃除当番サボりなどがある。小さなトラブルが起き始める。	好き勝手に振る舞う子どもが出てきて，学級全体がそれに同調する方向に流れる。教師の指導が入りにくくなり，子ども同士のトラブルやいじめ，からかいが日常的に起きる。	集団としての秩序が失われ，学級として正常な活動が成立しない。いわゆる学級崩壊の状態。

（出所）粕谷（2009）。

学校生活意欲（やる気のあるクラスをつくるためのアンケート）は，小学校用は3つ（友達関係，学習意欲，学級の雰囲気），中学校・高等学校用は5つ（友人との関係，学習意欲，教師との関係，学級との関係，進路意識）あり，それぞれの観点とそのバランス，さらに総合点から診断するものである。
　さらに hyperQ-U テストの名称で，診断を詳細にするとともに，ソーシャル・スキルを診断できる方法も開発されている（ソーシャル・スキルについては本章第3節を参照）。

2　集団指導の進め方

■リーダーシップ

　集団指導とは，望ましい集団を形成することにより，集団に内在する力動的な機能を生かし，教育的な価値として実現させ，生徒の人格形成を図ることを意味する。そしてそこには，「集団を指導する」という意味と「集団による指導」の意味が含まれている。リーダーシップとは，集団を統合する機能の総称であるが，ここでは特に，教師のリーダーシップを焦点としてみていきたい。
　ホワイトとリピット（1970）は，リーダーシップを行動様式の視点から捉え，集団活動の方針を指導者が下す「専制型」，皆で話し合って決める「民主型」，そして指導者は放任し関与しない「放任型」の3類型を設定し，その効果を検討した。その結果，専制型のもとでは，作業量は多いが，表面に現れない不平不満があり，指導者に対する依存的言動が目立ち，成員間の敵対的・攻撃的行動が頻繁に現れた。また，民主型のもとでは，作業の量・質ともに優れ，集団の士気も高く，友好的・相互信頼的な言動が顕著であった。放任型は民主型と決して同じではなく，作業の量も質も劣り，集団活動に関係ない遊びが多く，成員からの質問が多かった。
　さらに，リーダーシップを機能の面から捉え，実験としてではなく，現実の教室における教師のリーダーシップを検討する試みとして，三隅二不二らのPM理論がある。Pとは performance の頭文字であり，リーダーシップの目標

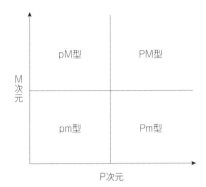

図 8-3　PM 理論によるリーダーシップの四類型
（出所）　三隅（1986）。

表 8-2　リーダーシップ種類別"スクールモラール"要因平均値

要因	教師のリーダーシップ類型別				全体平均	F 比
	PM 型	P 型	M 型	pm 型		
授業満足度 学習意欲	3.55 (4.52)	2.93 (4.81)	3.44 (4.28)	0.77 (4.73)	2.71 (4.72)	49.73*
学級への帰属度	17.74 (3.58)	17.21 (3.77)	16.88 (3.45)	15.98 (3.99)	16.92 (3.73)	19.88*
学級連帯性	11.08 (3.62)	10.18 (3.94)	10.31 (3.67)	7.68 (3.92)	9.89 (3.99)	97.25*
生活・授業態度	−0.88 (3.45)	−1.58 (3.54)	−1.62 (3.19)	−2.24 (3.84)	−1.53 (3.55)	17.19*
教師の人数 生徒の人数	20 763	14 565	15 570	17 600	（　）は SD * $p<.01$	

（出所）　三隅・矢部（1989）。

達成機能を意味する。つまり、厳しく要求する面である。M とは maintenance の頭文字であり、リーダーシップの集団維持機能を意味する。つまり、優しく受容する面である。これらの機能を表す教師の行動が記されている質問紙に 5 段階評定で生徒が回答し、平均値を基準として、PM 型、Pm 型、pM 型、pm 型、の 4 つに分類され、外的基準との関連からそれぞれの効果が検討される（図 8-3、章末のコラムを参照）。三隅・矢部（1989）によれば、授業満足

XXXXXXショウガッコウ５ネン２クミ　グループづくり基準

	1	2	3	4	5	6	7	8	9	10	11	12	13	14	21	22	23	24	25	26	27	28	29	30	31	C	R	CRS	MC	MR	ISSS
1	＼	○	·	◎	◎	○	·	·	○	◎	○	◎	○	◎	×	×	×	×	×	·	·	×	×	·	·	10	7	3	5	0	0.563
2	·	＼	○	◎	·	○	○	·	○	◎	·	○	·	◎	·	·	·	·	·	·	·	·	·	·	·	8	0	8	3	0	0.467
3	×	×	＼	·	※	·	×	·	·	·	·	·	×	·	·	·	·	×	·	·	·	·	·	×	·	0	7	-7	0	1	-0.246
4	◎	◎	○	＼	○	◎	·	·	○	◎	·	·	·	◎	·	·	※	×	×	·	·	·	·	×	·	8	4	4	5	1	0.483
5	◎	·	※	·	＼	·	※	·	·	·	○	○	·	·	·	·	×	×	·	·	·	·	·	×	※	3	6	-3	1	3	-0.263
6	·	·	·	◎	·	＼	·	·	·	·	○	·	·	◎	·	·	·	·	·	·	·	·	·	·	※	3	1	2	2	1	0.142
7	×	×	·	·	※	·	＼	·	×	×	◎	·	×	·	×	·	·	×	·	·	·	×	·	×	·	1	10	-9	1	1	-0.188
8	×	·	×	·	×	○	○	＼	·	·	·	·	·	·	·	※	·	·	·	·	·	·	·	·	·	2	4	-2	0	1	-0.142
9	·	×	×	·	·	·	·	·	＼	·	·	◎	·	·	·	·	·	·	·	·	·	×	·	·	·	1	3	-2	1	0	0.058
10	◎	◎	×	◎	○	·	○	○	·	＼	·	·	◎	·	·	·	·	·	·	·	·	·	·	·	·	7	1	6	4	0	0.525
11	·	×	×	×	·	·	◎	○	×	×	＼	·	×	×	·	·	·	·	·	·	·	·	·	·	·	2	7	-5	1	0	-0.004
12	◎	·	·	·	·	·	·	○	◎	·	·	＼	·	·	·	·	·	·	·	·	·	·	·	·	·	3	0	3	2	0	0.263
13	×	○	○	·	○	·	·	○	○	·	◎	○	＼	◎	·	·	·	·	·	·	·	○	·	·	·	9	1	8	2	0	0.367
14	◎	◎	○	◎	○	◎	○	○	·	○	○	·	◎	＼	○	×	·	·	×	·	○	·	○	·	○	15	2	13	5	0	0.771
21	·	·	·	·	·	·	·	·	·	·	·	·	·	·	＼	·	·	·	·	·	◎	·	·	·	◎	2	0	2	2	0	0.242
22	·	·	·	·	·	×	·	※	·	·	×	×	·	·	○	＼	※	○	※	·	·	◎	·	◎	·	4	6	-2	2	3	-0.142
23	·	·	·	※	·	·	·	×	·	·	·	·	·	×	·	※	＼	·	◎	×	×	·	·	·	◎	2	6	-4	2	2	-0.083
24	·	·	·	·	·	×	·	·	·	·	·	×	·	·	·	·	·	＼	·	·	·	·	○	◎	·	2	2	0	1	0	0.100
25	·	·	·	·	·	·	×	·	·	·	·	·	·	·	·	※	◎	·	＼	×	○	·	◎	·	·	3	3	0	2	1	0.100
26	·	·	·	·	·	·	·	·	·	·	·	·	·	·	○	○	·	○	·	＼	·	◎	·	◎	◎	6	0	6	3	0	0.425
27	·	·	·	·	·	·	·	×	·	·	×	×	·	×	◎	·	·	·	·	×	＼	·	·	·	·	1	5	-4	1	0	0.017
28	·	·	·	·	·	·	·	·	·	·	·	·	·	·	·	◎	○	○	○	◎	○	＼	·	◎	◎	8	0	8	4	0	0.567
29	·	×	·	·	×	·	·	×	·	·	×	·	·	×	×	·	·	·	◎	×	×	·	＼	※	·	1	9	-8	1	1	-0.167
30	·	·	·	·	·	×	·	·	·	·	×	×	·	·	·	◎	×	◎	×	◎	·	◎	※	＼	·	4	6	-2	4	1	0.258
31	·	·	·	×	※	※	·	×	·	·	×	×	·	×	◎	○	◎	○	○	◎	○	◎	○	○	＼	10	7	3	4	2	0.263
C	5	5	4	5	5	5	5	5	5	5	5	5	3	5	5	4	3	5	4	3	5	5	4	5	5	115		18	58		
R	4	5	5	3	5	4	3	5	2	2	5	5	3	5	3	5	5	5	5	4	2	3	2	5	2		97			18	

図８－４　ソシオマトリックスの例

（出所）　田中（1999）。

度，学習意欲，学級への帰属意識，学級への連帯意識，そして生活・授業態度，のいずれも，PM 型が最も効果的であり，pm 型が最も効果的でなかったことが報告されている（表８－２）。

ソシオメトリーと社会的役割の付与

ソシオメトリーとは，モレノ（J. L. Moreno）によって創始された，人間関係や集団構造を理解し改善するための理論と方法のことである。その中にもさまざまな方法があるが，集団構造の編成の観点から，ここでは特にソシオメトリック・テスト（sociometric test）について解説する。

ソシオメトリック・テストは，基本的には，選択と排斥の観点から人間関係を分析するもので，結果の整理の仕方にはさまざまあるが，その一つとして，ソシオマトリックスがある（図8-4参照）。これらの結果は，単に生徒の社会的地位や人間関係を分析するだけでなく，学級経営に活用していくことが肝心である。

　この点について，蘭（1981）は，社会的地位と行動特性は相互形成的であるとの観点から，社会的地位が下位に位置する児童に学級の重要な役割を与え，社会的地位と行動特性との変容について検討した。その結果，教師の指導により，学級の重要な役割を遂行することのできた児童は，社会的地位が上昇し，自尊感情も向上し，自己統制，統率性などの特性も好ましい方向に変容した。さらに，集団凝集性にも変化が認められたことなどを報告している。同様の仮説と方法により，中位の生徒にも地位の上昇が認められたとの研究報告もある。

3　サイコエジュケーション

■育てるカウンセリングとしてのサイコエジュケーション

　サイコエジュケーション（psychoeducation）は，心理教育と訳される。広義には，パーソナリティやカウンセリングなどの心理学の理論に基づいて，感情のセルフコントロール，自己表現，傾聴などの心理的・対人関係的スキルを生徒に身につけさせるアプローチである。

　カウンセリングというと，治療的なものと考えられがちであるが，学校教育においては，カウンセリングの予防・開発的な面が重視される。予防・開発的な面とは，具体的には，成員相互の情緒的支持の体験，受容的・共感的な人間関係の体験，そしてそれらに基づき自分を見つめる新たな視点を得ることなどが考えられる。また，カウンセリングというと，個別に行われるものと考えられがちであるが，集団カウンセリングとしてさまざまな方法がある。このような意味で，学校におけるサイコエジュケーションは，"育てるカウンセリング"の意義があるということができよう。

■ロール・プレイング

　ロール・プレイング（role playing）とは，モレノが創始し，具体的な場面・テーマを設定し，即興的にある人物の役割を演技させる方法であり，役割演技と訳される。ロール・プレイングは，個人的な問題を焦点とする場合は心理劇（psychodrama），また集団に共通する問題に焦点をおく場合は社会劇（sociodrama）といい区別される。

　ロール・プレイングは，基本的には，準備，演技，ディスカッション，そしてまとめの段階で進められる。演技の段階における技法としては，相手の役割を演じる役割交換法，現実の自分の役割を演じるストレート技法，その他補助自我役の者が演技者にさまざまな形でかかわる補助自我法・自我分割法・鏡映法，そして観察を通じての学習を意味するモデリング理論に基づくモデリング技法などがある。なお，ロール・プレイングの構成要素として，舞台，演技者，補助自我，観衆，監督，ディスカッションとあり，これらは，実施する上で配慮・工夫すべきポイントと考えることができる。

　"〜の身になってみれば"という言い方があるが，ロール・プレイングの意義はまさにここにある。さまざまな対立や葛藤を再現することを通して，演技者として，また観衆として，自由な自己表現と話し合いを進め，他者理解を深め，また他者の目を通して自分の問題を解決する視点を探ることがねらいとされる。すなわち，自己理解と他者理解とを撚り合わせての人間理解の深化，そしてそれを通じてソーシャル・スキルの学習を促進するというものである。他にも，セルフ・コントロール，攻撃対処など，さまざまな目的で行うことができ，学校教育のさまざまな内容・領域で活用することができる。

■グループ・エンカウンター

　またグループ・エンカウンター（group encounter）という方法がある。まずエンカウンターとは，直訳的には"出会い"とか"ふれあい"を意味し，グループ・エンカウンターとは，一種の集中的なグループ体験であるといってよい。"見知らぬ他者"と"見知らぬ自分"との相互媒介的な"出会い"の経験を通

して，自己理解，他者理解，自己受容，自己主張，そして信頼体験などを促進することがめざされる。なお，グループ・エンカウンターでは構成法と非構成法が区別される。國分（1992）によれば，教育の場においては，その「育てるカウンセリング」という基本的性格から，構成法が有効であり，構成的グループ・エンカウンターとは，「ありたいようなあり方を模索する能率的な方法として，エクササイズという誘発材とグループの教育的機能を活用したサイコエジュケーションである」と定義されている。

　エクササイズとしては，非言語的コミュニケーション，感情表現，自己表現，感受性，そして信頼体験などに焦点をあてたさまざまなものがプログラムとして準備されており，リーダー（ファシリテーター）の指示のもとにそれらに取り組み，"今ここで"の自己への"気づき"を深め，"開き"を促進することを通して，自己成長をめざす，開発的・教育的な観点に貫かれており，集団指導の方法として注目される。なお，構成的グループ・エンカウンターのエクササイズは数多く開発され実践されている（たとえば，國分・國分，2004）。

■ピア・サポート

　ピア・サポート（peer support）とは，生徒が問題に直面したときに，多くの場合は解決の道を仲間に求めるという事実に基づいた実践である。確かに仲間集団には，相談にのったり，問題を抑止する力が内在している。生徒がお互いにかかわり合い支え合っていく関係を意識的・計画的につくりだすことである。すなわち，自分たちの問題を自分たちで乗り越えていくように方向づけ，そのために必要な技能を身につけさせるための活動やカリキュラムのことを意味する。要するに，生徒が他の生徒とどのようにかかわるかを学ぶ方法がピア・サポートである。相手とかかわる過程は，相手にとって有益であるだけではなく，本人にとっても自己探求や自己決定を育てる意義がある。

　具体的には，問題を把握すること，援助の仕方を考えること，そのメリットとデメリットを検討すること，計画を立てて実行に移すこと，結果を評価すること，の５つのステップから成る。

ピア・サポーターを育てるためには，ロール・プレイングなどのグループ・ワークによるトレーニングを実施すること，そして，ピア・サポーターが日常の学校生活での活動するための体制・組織を整え，継続的に指導する必要がある（酒井，1998）。具体的な実践への展開のために，「総合的な学習の時間」で実施することを念頭にしたプログラムが開発されている（滝，2000；2001）。

■ソーシャル・スキルとアサーション

　子どもの世界でも人間関係の体験が希薄化しており，その結果社会性の発達が進まず，各種の問題行動が現れているとの指摘がある。このような背景をふまえ，ソーシャル・スキル（social skill）教育や，アサーション（assertion）・グループワークなどが注目されている。この両者は，元々は，ソーシャル・スキル・トレーニング，アサーション・トレーニングというように，治療的な観点からカウンセリングの方法として誕生したものであるが，今日，学級集団や仲間関係の問題を予防する，問題が生じてもその中で解決する，さらに積極的・開発的に社会性を育成するとの観点から，学校教育で行うことができる心理教育的プログラムが考案されている。

　ソーシャル・スキル教育は，ソーシャル・スキル，つまり対人関係における技能が体験を通して学習されるものであるという観点に立つ。そして，円滑な対人関係・コミュニケーションに必要なことを観察可能な技能に分析し，ロール・プレイングなどの方法を活用して，トレーニングするものである。学級集団で人間関係を楽しみながら指導できるプログラムも考案されている（佐藤・相川，2005）。

　アサーションとは，自己表現なり自己主張と訳されるが，相互尊重の精神に基づくコミュニケーションのことである。自分の考えや気持ちを率直に，しかも適切な方法で表現することが重視される。アサーション・グループワークとは，このようなコミュニケーションをトレーニングするプログラムであり，学級集団で実施できるものが考案されている（園田・中釜，2000）。

表8-3　プログラムの構成要素と具体的内容

実施時期	セッション	構成要素	具体的な内容
10月	第1回	オリエンテーションと心理教育	○プログラム実施目的の説明。「きもち」とは何か。きもちのラベリング。
	第2回	社会的スキル訓練①	○「あたたかい言葉かけ」を学ぶ。
11月	第3回	社会的スキル訓練②	○「上手な頼み方」を学ぶ。
	第4回	社会的スキル訓練③	○「上手な断り方」を学ぶ。
12月	第5回	認知再構成法①	○きもちには大きさがあることを学ぶ。「できごと・考え・きもち」の関係を知る。
	第6回	認知再構成法②	○いやなきもちになる考えをつかまえる。
1月	第7回	認知再構成法③	○いやなきもちになる考えをやっつける。
2月	第8回	応用学習①	○これまで学んだ「スキル」と「認知」を使って、問題解決の具体的な方法を考える。
	第9回	応用学習②+学習のまとめ	○プログラムのまとめと修了式。

（出所）　佐藤ほか（2009）。

■認知行動療法に基づく心理学的介入プログラム

　さまざまな問題行動と絡んで児童生徒の抑うつが問題視されているが、対応として、学校教育を通じての心理学的な介入が効果的であると考えられる。佐藤ら（2009）は、学級単位で担任教師が実施することのできる認知行動療法プログラムを実証的に提案している。

　認知行動療法（cognitive behavior therapy）とは、環境、行動、認知、情緒、そして身体など多面的な問題について、因果関係など適切に機能分析を行い、行動的技法と認知的技法を効果的に組み合わせて用いる治療的アプローチの総称である。同時に、認知行動療法を子どもに適用することは、問題状況を的確に把握する、自己理解を促進する、セルフコントロールと問題解決に必要な各種のスキルを身につけるなど教育的な意義を有している。

　表8-3は、そのプログラムの概要であり、実施した結果、抑うつ状態の低減、ソーシャルスキルのと認知の誤りの改善、学校不適応感の軽減、そして抑うつ状態や認知行動的対処に関する理解度の向上が認められた。

表8-4 「学級がうまく機能しない状況」にある150学級の類型

ケース1 （就学前教育との連携・協力が不足している事例）………………………20学級
ケース2 （特別な教育的配慮や支援を必要とする子どもがいる事例）……………37学級
ケース3 （必要な養護を家庭で受けていない子どもがいる事例）…………………30学級
ケース4 （授業の内容と方法に不満を持つ子どもがいる事例）……………………96学級
ケース5 （いじめなどの問題行動への適切な対応が遅れた事例）…………………51学級
ケース6 （校長のリーダーシップや校内の連携・協力が確立していない事例）…51学級
ケース7 （教師の学級経営が柔軟性を欠いている事例）………………………………104学級
ケース8 （学校と家庭などとの対話が不十分で信頼関係が築けず対応が遅れた事例）……47学級
ケース9 （校内での研究や実践の成果が学校全体で生かされなかった事例）……24学級
ケース10 （家庭のしつけや学校の対応に問題があった事例）………………………26学級

（出所） 学級経営研究会（2000）。

4　学級崩壊

■ "学級がうまく機能しない状態"とその解決のために

　当たり前のことになってしまったためか，マスコミで報道されることは少なくなったが，いわゆる学級崩壊がなくなったわけではない。学級経営研究会（2000）は，学級崩壊を「学級がうまく機能しない状態」と呼び，「子どもたちが教室内で勝手な行動をして教師の指導に従わず，授業が成立しない状態が一定以上継続し，学級担任による通常の手法では，問題解決ができない状態に立ち至っている場合」と説明している。

　背景としては，私中心主義の現代社会，人間関係が希薄化している地域社会，不安を背景とした子育てをせざるを得ない家庭，変化に対応できず機能不全を起こしている学校，仲間関係や遊びなどが貧しい子どもの生活，などが指摘されている。

　さて同じく，学級経営研究会の調査によると，一口に学級がうまく機能しない状態といっても，その原因等をふまえると多様であり，150学級の事例を対象に，表8-4のように10の類型が示されている。

　この問題は，多くの担任教師が学級経営に失敗していることが問題なのではなく，学級が生徒にとって学びと成長の場として機能しなくなっている現実が

あることこそ問題なのである。すなわち学級崩壊は，決して教師個人だけの問題ではなく，生徒を囲む重層的なシステムの機能不全の反映であり，総合的な取り組みが求められる。

しかし同時に，実際，問題に直面したときには対応が必要であり，心理学的な観点から，小林（2001）は，問題を押さえつけ，なくそうとすると悪循環が起きやすくなるので，問題に注目しない，問題でない部分に目を向ける対応の仕方などを提示している。さらに予防的・開発的な観点から，社会性・対人関係を育てるため，先述のソーシャル・スキル・トレーニング（本章第3節参照）等の具体的な方法を論じている。

学習課題
○本章第2節の解説とコラムを参照し，これまで出会った担任教師のリーダーシップについて考察してみよう。
○学級集団のあり方がいじめや不登校などさまざまな問題行動の発生に及ぼす影響について考察してみよう。

参考文献
蘭千壽（1981）「学級集団におけるソシオメトリック選択，行動特性，集団凝集性の変容に及ぼす役割行動の効果」『教育心理学研究』第29巻・第1号，Pp. 51-55。
学級経営研究会（2000）「学級経営をめぐる問題の現状とその対応――関係者間の信頼と連携による魅力ある学級づくり」（文部省委嘱研究「学級経営の充実に関する調査研究」最終報告書）。
粕谷貴志（2009）「Q-Uでつかむクラスの実態」『児童心理（4月号臨時増刊：個と集団を育てる　学級づくりスキルアップ）』金子書房，Pp. 83-88。
小林正幸（2001）『学級再生』講談社現代新書。
國分康孝編（1992）『構成的グループ・エンカウンター』誠信書房。
國分康孝・國分久子総編集（2004）『構成的グループエンカウンター事典』図書文化。
三隅二不二（1986）『リーダーシップの科学』講談社ブルーバックス。
三隅二不二・矢部克也（1989）「中学校における学級担任教師のリーダーシップ行動測定尺度の作成とその妥当性に関する研究」『教育心理学研究』第37巻・第1号，Pp. 46-54。

酒井徹（1998）「仲間同士で支え合う——ピア・サポート活動を試みて」ぱすてる書房編『少年たちのシグナル』ぱすてる書房．Pp. 136-155。

佐藤寛・今城知子・戸ヶ崎泰子・石川信一・佐藤容子・佐藤正二（2009）「児童の抑うつ症状に対する学級規模の認知行動療法プログラムの有効性」『教育心理学研究』第57巻・第1号．Pp. 111-123。

佐藤正二・相川充（2005）『実践！ソーシャルスキル教育 小学校：対人関係能力を育てる授業の最前線』図書文化。

Schmuck, R. A. & Schmuck, P. A. (1983) *Group Processes in the Classroom*, Wn. C. Brown Company Publishers.

園田雅代・中釜洋子（2000）『子どものためのアサーショングループワーク——自分も相手も大切にする学級づくり』日本精神技術研究所発行．金子書房発売。

滝充（2000）『ピア・サポートではじめる学校づくり（中学校編）』金子書房。

滝充（2001）『ピア・サポートではじめる学校づくり（小学校編）』金子書房。

田中裕次（1999）「ソシオメトリック・テスト，ソシオグラム」菱村幸彦編『キーワード生徒指導』教育開発研究所．p. 89。

ホワイト，R.・リピット，R.（1970）「三種の「社会的風土」におけるリーダーの行動と成員の反応」カートライト，D・ザンダー，A.編，三隅二不二・佐々木薫訳編『グループ・ダイナミックスⅡ〔第二版〕』誠信書房．Pp. 629-661。

推薦図書

下山晴彦監修（2013）『子どもの心が育つ心理教育授業のつくり方』岩崎学術出版。

淵上克義（2005）『学校組織の心理学』日本文化科学社。

水野治久・石隈利紀・田村節子・田村修一・飯田順子編著（2013）『よくわかる学校心理学』ミネルヴァ書房。

（吉川成司）

第 8 章　学級集団とその指導

コラム　リーダーシップのタイプは？

　リーダーシップ PM 理論に基づいて，あなたのタイプを考えてみよう（小学校教師用）。教育実習中の自分を思い出して，下の20の質問項目に，非常に当てはまる（5点），かなり当てはまる（4点），少し当てはまる（3点），あまり当てはまらない（2点），まったく当てはまらない（1点）のいずれかで評定する（正式には，学級の児童に評定してもらう）。次に，P10項目，M10項目，それぞれの合計得点を算出する（正式には，全児童について合計得点を算出し，その平均得点を求める）。最後に，下記の基準に従ってタイプ分けをする。
　PM（P38点以上，M35点以上）　Pm（P38点以上，M35点未満）
　pM（P38点未満，M35点以上）　pm（P38点未満，M35点未満）
（あなたの先生は）
1．勉強道具などの忘れ物をしたとき，注意しますか（P）。
2．あなたの気持ちをわかってくれますか（M）。
3．忘れ物をしないように注意しますか（P）。
4．あなたと同じ気持ちになって考えてくれますか（M）。
5．家庭学習（宿題）をきちんとするようにきびしく言いますか（P）。
6．えこひいきをしませんか（M）。
7．名札・ハンカチなど細かいことを注意しますか（P）。
8．あなたが話したいことを聞いてくれますか（M）。
9．机の中の整理やかばんの整頓，帽子の置き方などを注意しますか（P）。
10．勉強の仕方がよくわかるように教えてくれますか（M）。
11．物を大切に使うように言いますか（P）。
12．まちがったことをしたとき，すぐしからないで，なぜしたかを聞いてくれますか（M）。
13．学級のみんなが仲良くするように言いますか（P）。
14．何か困ったことがあるとき，相談にのってくれますか（M）。
15．自分の考えをはっきり言うように言いますか（P）。
16．勉強がよくわかるように説明しますか（M）。
17．きまりを守ることについてきびしく言いますか（P）。
18．みんなと遊んでくれますか（M）。
19．わからないことを人にたずねたり，自分で調べたりするように言いますか（P）。
20．学習中，机の間をまわって一人一人に教えてくれますか（M）。

三隅二不二・吉崎静夫・篠原しのぶ（1977）「教師のリーダーシップ行動測定尺度の作成とその妥当性の研究」『教育心理学研究』第25巻，Pp. 157-166より一部改変。

第9章　生徒理解と個別指導

理解するために大切なことは「よく聴く」ことである。たとえば，あなたが友人から「もう大学を辞めたい」と打ち明けられたら，どのような対応をするだろうか。そして「よく聴く」とはどのような対応だろうか。次のa～eを例として考えてみよう（中川, 1994；鷲田, 1999）。
　a．「そんなこと言わないでもっと頑張りなよ」
　b．「そこまで心配しないでいいよ」
　c．「どうしてそんな気持ちになるの」
　d．「それだけ辛いと，そんな気にもなるね」
　e．「もう辞めたい，そんな気がするんだね」
　　　　　　　　　　　　　　　　（解説は，本章の第1節）

第9章　生徒理解と個別指導

1　生徒理解の意義と観点

■生徒理解の意義

　生徒理解の必要性というと，一般的には，教師が生徒を理解することと考えられている。具体的には，生徒に適切な指導をするためには，的確な理解が必要である。裏を返せば，的確な理解によってこそ適切な指導が可能となるということでもある。確かにその通りであるが，生徒を理解するということには，より複雑な構造が内在している。

　生徒指導の目的は自己指導能力の育成にあるが，そのためには，生徒の自己理解や自己受容が欠かせない（なお，自己指導能力とはこれらを基盤に自ら追究しつつある目標を確立し明確化していくこと，そしてこの目標達成のため，自発的・自立的に自らの行動を判断し実行できる資質を意味する）。ここに，生徒理解には，生徒の自己指導のための自己理解という側面が含まれていることがわかる。

　さらに，教師が生徒をどのように理解しようとしているのか，教師の側の理解の枠組みが問われよう。つまり，生徒理解には教師の自己理解という側面も含まれているのである。

　このように，生徒理解は，教師による生徒理解，生徒の自己理解，そして教師の自己理解が相互に影響を及ぼす力動的な構造を成している。そして，その総体は相互理解をめざす相互作用のプロセスであり，教師と生徒との漸進的な共同作業である。そして，この過程に両者の人間理解の深化があるのではないだろうか。

■共感的理解

　共感的理解とはいわば内側からの理解であり，生徒個々の独自性とその生成の過程に着目する。

　来談者中心カウンセリングを創始したロジャーズ（Rogers, 1957；1959）によ

れば，共感的理解（empathic understanding）とは，「クライエント（来談者）の内部的準拠枠（internal frame of reference）を，あたかもその人自身であるかのように，しかも，この"あたかも～かのように"（as if）という条件を失うことなく，正確に，かつそれに付帯している感情的成分と意味とを感じながら覚知することである」と定義している。

共感的理解は，理解する側とされる側は，一人の人間対人間という平等な関係にあることを前提にしている。上下関係を前提として恵まれている者が恵まれない者に抱くのが同情であるのと対照的である。さらに，「感情的成分と意味とを感じながら覚知する」とあるように，言葉の文字面だけを聞くのではなく，そうとでも言いたくなる気持ちに耳を傾けることが共感である。また，相手の要求を聞き入れる同調とは，似て非なるものである。

さらに，「"あたかも～かのように"（as if）という条件を失うことなく」と，ロジャーズがわざわざ念を押している点に注目すれば，それは，他者の他者性，つまり他者の心を理解するのは困難なことであると認めつつも，かといって諦めるのではなく，どこまでもわかろうとし続けること，相手の心に寄り添い続ける姿勢の重要性を示唆しているものと考えられる。このような共感的理解こそ，生徒との相互理解の出発点であろう。

■「問題の生徒」と「生徒の問題」

共感的理解は，具体的には"よく聴く"ことである。この点について，いわゆる問題行動の理解と対応にあてはめて考えてみよう。

「問題の生徒」とは，基本的には，"望ましい行動をしない"という捉え方である。たとえば，やる気がない，言うことを聞かない，学校に来ない，など望ましい行動をしないという捉え方である。このような捉え方をすると，教師は，注意，説教，そして罰などを与えることになる。それに対して生徒は，その場しのぎや反発・反抗をする。つまり「問題の生徒」という捉え方における「問題」とは，教師にとって「問題」なのである。

これに対して，「生徒の問題」とは，基本的には，やる気がないのは確かに

"望ましくない行動であるが,生徒本人からするとそうしかできない心境や情況にある"という捉え方である。この捉え方は,何が生徒にそうさせているのか,心境や情況をよく見てみよう,よく聴いてみようという姿勢につながる。つまり,「生徒の問題」という捉え方における「問題」とは,生徒自身にとっての問題であり,周囲の者も悩み心配しているが,最も悩み苦しんでいるのは生徒本人である,という捉え方である。ここには,痛覚,生命感覚がともなっている。ただし,心のドアには内側にしかノブがついていないと言う。問題を抱えている生徒は,誰も自分のことをわかってくれない,自分の気持ちがわかってたまるか,という心境であろうから,傾聴と見守る姿勢には同時にねばり強さが求められよう。しかし,このような姿勢が生徒に通じたときには,被包感(ひほうかん)を得て,向上への意欲が現れてくるであろう。

■生徒の自己理解・自己受容:自尊感情の基盤

　古来からの「汝,自身を知れ」との格言,現代の「自分さがし」を求める動きにも示されているように,自らを知る,つまり自己理解なり自己知の意義は言うまでもないことであろう。自分が見えなかったり見失ってしまっては問題である。しかし,人間はとかく,自分を自分以上の人間と思い込んでしまったり,自分以下の人間と思い込んでしまったりするものである。自分は自分以上のものでも,自分以下のものでもない,等身大のありのままの自分として受けとめられることは,精神的健康に不可欠である。また,見る自分と見られる自分とのバランスも大切である。見る自分ばかりが支配的であると,それは傍若無人,自己中心である。反対に見られる自分だけが支配的であると,それは卑屈で自分がないということになってしまう。

　私たちは身だしなみを整えるときに鏡を利用する。同じように,心を整えるためには,耳を傾け,ありのままを受けとめてくれる,共感的理解という澄んだ鏡が必要なのである。ありのままの自分を映し出してくれる存在に対してありのままを表現した言葉や語りはそのまま映し出され自分に還ってくる。このように表現の自己言及性が機能し,生徒は自らの心を見つめ,整え,生きる力

を蓄えていく。生徒指導の目的は自己指導能力の育成にあるが、そのためには、生徒が自己をありのままに認める自己受容や自己に対する洞察を深める自己理解、さらにこれらに根ざした自尊感情が欠かせない。

さて、本章の扉の例について解説しよう。「よく聴く」に当たるのはeであり、それは言葉をありのままに受けとめることである。話し手は聴き手の胸を借りることで自分の胸の内を探ることができる。そして探りあてたものを言葉で紡ぐことができたときに悩みは解消に向かい、自己受容や自己理解、そして自尊感情へと心が開かれていく（中川，1994；鷲田，1999）。

2 「個」の理解としての生徒理解

個人差としての意味

生徒の「個」を理解することは、個に応じた学習指導、個々の援助ニーズをふまえた特別支援教育などというように、教育にとってきわめて重要な観点である。そして、この「個」にはさまざまな意味が含まれている。

まず、「個」には個人差という意味がある。たとえば期末テストの英語でA君は70点、B君は50点であった場合の差異、これは個人間差である。しかし、個人差の意味はそればかりではない。たとえば、A君もB君も70点であるとすると、個人間差はないことになってしまう。しかし、A君は長文読解が50点で英作文が20点、B君は長文読解が20点で英作文が50点としたらどうだろうか。このように細かく見ると、同じ点数であってもその内訳に違いがある場合があり、同じ70点でも意味は異なってくる。このような差異を個人内差（横断的）という。さらに中間テストと比べてA君は同じ点数で70点、B君は20点増えて70点であったとすると、両者の期末テストが70点だとしても、70点の意味は異なり、これも個人内差（縦断的）である。

これらは、学力面だけではなく情意面についても同様である。個人間差を把握することと結びついているのが性格類型論である。これは特定の観点から典型的な性格を設定し、多様な性格を分類しようとする考え方である。個人内差

表9-1　質問紙の例：エゴグラムの一部

以下の質問に，はい（○），どちらでもない（△），いいえ（×）のどれかを選んで答えてください。あまり考え込まずに，なるべく○か×で答えるようにしてください。

	○	△	×
1　何事もきちんとしないと気がすまない。			
2　人がまちがったことをしたとき，なかなか許さない。			
3　自分は責任感が強い人間だ。			
4　自分の考えをゆずらないで，最後まで押しとおす。			
5　礼儀，作法についてやかましいしつけを受けた。			
6　何事もやりだしたら最後までやらないと気がすまない。			
7　親から何か言われたら，そのとおりにする。			
8　「ダメじゃないか」「…しないといけない」という言い方をする。			
9　時間やお金にルーズなことが嫌い。			
10　親になったら，子どもを厳しく育てる。			

（出所）　杉田・鹿島（2009）。

　を把握することと結びついているのが性格特性論である。これは，性格を構成する特性群を設定し，各特性間のバランスによって性格を記述しようとする考え方である。

　そして情意面の個人差を理解するための方法としてさまざまな検査法がある。その1つである質問紙法は学校教育においても広く活用されている。これは，性格の特性と関連した一定の質問項目群に自己報告を求める方法であり，多くの場合，回答は複数の選択肢から選ばせる形式である。回答結果は所定の基準に基づいて数量的に処理する。集団でも容易に実施が可能な方法である。ただし，あくまで自己報告に基づくという点で，本人の言語能力や内省力によって，意識的，無意識的な歪みが生じる場合がある（表9-1参照）。

　性格理解のための理論的枠組みとしては，ほかにも，発達の観点や適応の観点を含んだ力動論があり，これまで育ってきた環境や現在おかれている環境との関係から個人変容のメカニズムを理解しようとする考え方である。

　なお，個人差とは，集団差と対になる概念である。集団差とは，日本人は横並び意識をもつ傾向があるというように，一つの集団と別の集団の差異を示す

概念である。しかし，それはあくまでも集団としての傾向であって，たとえば横並び意識がすべての日本人に当てはまるわけではない。個人差のほうがよほど大きいはずである。しかし，集団差を以て個人差のように理解されてしまうことが多々あり，偏った見方を押しつけることになりかねない。また，個人差とは要素分析的な捉え方であり，あくまで数量的な差異を意味する。

■個性の理解としての心理教育的アセスメント

また「個」には個性という意味がある。個性とは多面的にして統一的な捉え方であり，方向性や質の差異を意味する。また結果だけにとどまらず生成の過程を重視する。このような個性を理解するために，臨床の知と技を欠くことはできない。石隈（1999）は，学校心理学の観点から，それに基づく心理教育的援助サービスとして，心理教育的アセスメント，カウンセリング，コンサルテーション，そしてリサーチを挙げている。これらに共通するのは，あくまでも「個」を尊重する姿勢であろう。すなわち，「この子どもにはどのような援助ニーズがあるのか」という問いである。そして，これらの心理教育的援助サービスは密接に関連しているが，生徒理解に直接かかわるのは，心理教育的アセスメントである。

援助の対象となる生徒にかかわっていく過程において，重要なのは心理教育的援助サービスの方針等，仮説生成のために必要な資料・情報を収集分析することである。心理教育的アセスメントとは，生徒の自助資源（本人の諸特性），環境における援助資源（生徒にかかわる援助者やその施設）を把握することである。このように，問題の原因や責任を見つけ出すことではなく，生徒の問題の改善や成長に有効な各種資源を見いだし活用する方向を探るのが心理教育的アセスメントである。具体的な方法として，「援助チームシート」（表9-2），「援助資源チェックシート」等を用いて，担任教師や保護者などさまざまな立場の援助者から子どもの情報を収集し，援助者とその活動をつなぎ，資源を活用していく「チーム援助」の方法がある（石隈・田村，2003）。

また，情意面だけでなく，認知的個性（cognitive individuality）という包括的

表9-2 援助チームシート例

【石隈・田村式援助チームシート標準版】 実施日： 年 月 日（ ） 時 分～ 時 分 第 回
次回予定： 年 月 日（ ） 時 分～ 時 分 第 回
出席者名：

苦戦していること（　　　　　　　　　　　　　　　　　　　　　　　　　　　　　　　　　　　　　　　）

児童生徒名 年 組 番 担任氏名		学習面 （学習状況） （学習スタイル） （学力） など	心理・社会面 （情緒面） （ストレス対処スタイル） （人間関係） など	進路面 （得意なことや趣味） （将来の夢や計画） （進路希望） など	健康面 （健康状況） （身体面の様子） など
情報のまとめ	（A） いいところ 子どもの自助資源	得意(好き)な科目・自信があるもの：	性格のいいところ：	得意なことや趣味：	体力や健康状況：
		やりやすい学習方法	楽しめることやリラックスすること：	将来の夢や憧れの人	
					健康維持に役立つこと：
		学習意欲：	人とのつきあい方：	役割・ボランティア：	
				進路希望：	
	（B） 気になるところ 援助が必要なところ	成績の状況や学習の様子：	性格の気になるところ：	目標や希望の有無など：	心配なところ：
		苦手・遅れが目立つ科目など：	気になる行動など：		こだわりや癖：
				進路情報：	
		学習意欲：	人とのつきあい方：		気になる体の症状：
	（C） してみたこと 今まで行った, あるいは, 今行っている援助とその結果				
援助方針	（D） この時点での目標と援助方針	「この子どもにとって必要なこと, 大事にしてほしいところ, 配慮してほしいこと」等 ・ ・ ・			
援助案	（E） これからの援助で何を行うか				
	（F） 誰が行うか				
	（G） いつからいつまで行うか				

（出所）　石隈・田村（2003）。

な概念が提唱され，認知面についても個性としての捉え方が重視されつつある。認知的個性とは，認知発達も個性ある発達の姿で発達するものと捉え直し，個人のもつ才能や障害も含めて個人差は，多様な認知発達のプロフィールのひとつであると見なす。そして特別支援教育も含めたさまざまな教育活動の中でその存在と意義を認め，見つけ，育てるべきものと考えられている（松村他, 2010）。

なお，「個」は決して「孤」ではない。「個」は社会的なつながりのなかにこそ存在する。このように「個」の関係性に着目することは，生徒理解や生徒指導にとって大いに示唆的である。

3 生徒理解に基づく個別指導の考え方と進め方

個別指導の意義

生徒からすると，教師との関係は一対一の関係である。教師が自分をどう見てくれているのか，自分にどうしてくれたのか，という視点なのである。しかし，教師からすると，生徒との関係は一対多である。集団を対象にする教師としては致し方ないかもしれないが，生徒と教師との間には構造的にミゾやズレが存在しているのである。

しかし，ここに個別指導の意義を見いだすことができよう。教師には，一人ひとりに寄り添い，ミゾやズレを埋める努力が求められるのである。また何より，一人ひとりを大切にすることは教育指導の原点であろう。あくまでも個を尊重することである。

対人認知

まずは，対人認知の視点から，特に「ハロー効果」（halo effect）を焦点として考えてみたい。ハロー効果とは，対人認知において，特定の特徴の判断によってその認知全体が規定されてしまうことであり，何に重きを置いているかによって対人認知が大きく左右されて歪んでしまうことであるが，教師が生徒を

理解する際には何が重きをなしており，そして，どのような歪みが生じているのだろうか。

梶田（1978）は，中学校の学級担任教師を対象とし，教師からみて各生徒の望ましさについて評定を求めた。さらに，別の機会に性格・行動の評定（26項目）についても評定を求めた。

その結果，望ましいと判断された生徒群は，それ以外の生徒群（どちらともいえない，望ましくない）と比較して，社会性，明朗性，判断力など，すべての項目においてより肯定的に評価された。しかし，次に，教師の主観による評定とは異なる，客観的な性格検査を実施し，望ましい生徒群とそれ以外の生徒群で比較してみると，今度は一転全く両群の差異は認められなかった。そして，両群ではっきりと差異が認められたのは学業成績であった。すなわち，学業成績がよい生徒イコール望ましい生徒であり，そのような生徒は性格・行動も優れているという教師の非意識的でステレオタイプな推論の過程が想定される。

しかし，生徒と教師との対人関係に歪みをもたらす要因は学業成績ばかりではない。ブロフィとグッド（1985）は，対人態度の視点から，小学校の学級担任教師を対象として，どのような態度がどのような児童に向けられているかを調査した。態度としては，好意，無関心，配慮，拒否の4つの態度をあらかじめ設定し，それらの態度がどの児童に向けられているかを聞き出すための質問がなされた。その結果，教師の児童に対する態度は，児童の特性，特に学業成績とともに性格・行動特性によって左右されることを示している。たとえば，好意群には学業成績の高い者が多いが，配慮群と拒否群には学業成績の低い者が多い。しかし，同じく学業成績が低くても，多動的・攻撃的であると拒否的な態度を受けるのに対して，そうでなければ配慮的な態度を受けるという傾向が示された。

個別指導にあたって，単純なタイプ分けや表相的な印象によって生徒を理解したつもりになってしまうことは厳に戒めなければならない。すべてにおいて優れていたり，逆にすべてにおいて劣っている生徒というのは例外的な存在であり，長所と短所が裏表の関係にあったり，教師の見方が一面的であったり，

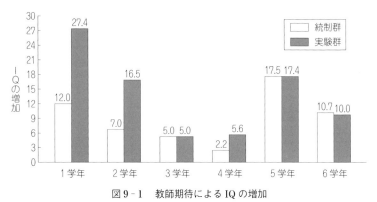

図9-1 教師期待によるIQの増加
(出所) Rothenthal & Jacobson (1968).

一方的であったりする場合も考えられる。したがって，後述する「教師の自己理解」の箇所と関連し，教師自身が自分の生徒の理解の仕方，枠組み，視点を理解することが出発点であり，そのことによって受容の幅が広がり，懐の広い包容力のある実践が可能になるのであろう。

対人認知におけるバイアスについては，ほかにもステレオタイプ（紋切り型の見方で決めつけないこと），初頭効果（第一印象だけで判断してしまわないこと）などが知られ，それぞれ生徒理解について示唆的である。

教師期待効果

「教師期待」（teacher expectancy）とは，ブロフィとグッド（1985）によれば，「生徒の現在および将来の学業成績や一般的な教室行動についての教師の推測である」。ローゼンサールとヤコブソン（R. Rosenthal & L. Jacobson）は，教師期待が自己成就的予言（self-fulfilling prophecy）として機能し，生徒にその通り実現することを介入実験によって実証しようとした。彼らは，学年始めの小学校を訪ね，知能の向上を予測するテストを開発するとの名目で調査への協力を依頼し実施した。しかし，実際はそのような目的はなかった。4か月後，結果が報告され，特定された児童が1年後に顕著な知能の向上が予測されると担任教師に報告された。しかし，これは期待の操作であり，実際には，各学年ごと

表9-3 教師期待の伝達に関係する変数における期待群差

測度	低期待群	高期待群
正答が賞賛された割合	5.88	12.08**
誤答が叱責された割合	18.77	6.46***
誤答に対して、質問が繰り返されたり、言い換えられたり、ヒントが与えられたりした割合	11.52	27.04*
読み方の困難性に対して、質問が繰り返されたり、言い換えられたり、ヒントが与えられたりした割合	38.37	67.05***
回答（正答でも誤答でも）に対して、なんらフィードバックが与えられなかった割合	14.75	3.33**

*$P<.10$ **$P<.05$ ***$P<.01$

(出所) ブロフィ & グッド (1985)。

にランダムに20％の児童（実験群）を抽出し報告したに過ぎなかったのである。さらに8か月後，実際に知能が向上したかを調査するという趣旨で知能テストが実施された。その結果，実験的に操作された教師の期待が実際に児童の知能の向上に反映し，全学年をトータルすると，実験群は，それ以外の児童，つまり統制群に比べて知能が向上していたのだった（図9-1）。

この現象は，ギリシャ神話になぞらえた，「ピグマリオン効果」（pygmalion effect）の名称で広く知られている。その後，教師期待効果のメカニズムに関するさまざまな研究が展開されてきたが，プラスにしろマイナスにしろ，教師期待は，日常的な生徒へのかかわりに非意識的に現れ，それらが生徒において解釈されて意欲や自己概念等に影響を及ぼし，期待が実現していくというメカニズムが考えられており，個別指導のあり方を考える上で一つの警鐘として示唆的である（表9-3）。すなわち，生徒からすれば，教師との関係に常に一対一であるが，教師の側では一対多という捉え方であり，そこにズレが生じやすくなっているのである。加えて，"えこひいき"は，生徒が最も嫌う教師の行動であり，自分に対する言動と他の者に対する言動の差異にきわめて敏感である。さらに教師は自分の言動を常に意識しているわけではない。教師は自分の言動が与える影響への気づきが求められる。

　生徒と教師との教育的人間関係において特に重要なものは信頼関係であろう。

この信頼関係は，生徒と教師が相互作用を繰り返す過程で次第に醸成されていくものである。

　教師側の要因としては，教師から生徒への信頼感が伝わる指導態度・言動が考えられる。本節で解説してきた教師期待は，生徒への信頼感と表裏一体の関係にあると言えよう。信頼していればこそ期待をもって生徒に働きかけるのであろうし，生徒が期待に応えることによって生徒への期待と信頼が高まる。いわば，生徒を信頼できる教師であってこそ，信頼される教師たりうるのである。

　一方，生徒側の要因としては，生徒が教師に抱く信頼感が考えられる。生徒が教師に抱く信頼感について，中井・庄司（2008）は，「安心感」「不信」「役割遂行評価」の3つの側面を挙げている。つまり，生徒が教師に対して抱く信頼感とは，接する上で安心感がもてる，自分の考えを一方的に押しつけたりしない，そして確かな指導力がある，ということである。そのように感じさせる姿勢や言動が教師に求められよう。

■生徒を捉える教師の視点

　以上から，教師が「生徒一人ひとりの"人間"を観るまなざし」と自らの言動の及ぼす影響について気づきを深めることの重要性を認識することができよう。このような意味で，教師は"反省的実践家"（reflective practitioner）たるべきであるといってよいだろう（ショーン，2001）。

　この点で注目されるのが，近藤（1995）によるRCRT（role construct repertory test）である。これはもともとケリー（G. A. Kelly）によって創案された，個人に内包されている暗黙の視点を個性記述的に抽出する方法であり，自己理解の深化や行動変容の促進がめざされる。それを教師が生徒を捉える視点・枠組みとでもいうべきものを抽出する方法として開発されたのが教師用RCRTである（簡便なやり方を本章末のコラムに掲載したので参照されたい）。本格的な方法では因子分析によって因子軸を抽出しその教師個人の認知軸を見いだすことができる（表9-4・9-5）。さらに，各生徒の因子得点を因子軸上に図示することによって，教師の認知空間における生徒の位置づけを知ることができる。

表9-4　A先生のモノサシ

	（因子分析の結果）	
		第1因子
	おとなしい ……………………… さわがしい	0.82
	聞き分けのよい ………………… わがまま	0.81
	きちんとした …………………… だらしのない	0.81
	真剣な …………………………… いいかげんな	0.76
	無口な …………………………… おしゃべりな	0.74
①	ゆったり ………………………… せかせか	0.73
	思慮深い ………………………… 軽率な	0.72
	がまん …………………………… 思い通り	0.69
	好かれる ………………………… 嫌われる	0.64
	引っ込み思案 …………………… でしゃばり	0.53
	純真な …………………………… ずるがしこい	0.33
	要領の悪い ……………………… 要領の良い	

（出所）　近藤（1995）。

表9-5　F先生のモノサシ

	（因子分析の結果）			
		第1因子	第2因子	第3因子
	思いやり………………自己中心的	0.87		
①	暖かさ…………………冷たさ	0.76		
	素直さ…………………言い訳・ごまかし	0.56		
	集中力…………………注意散漫	0.49	0.69	
②	自信……………………不安定		0.81	
	意欲……………………無気力		0.7	
	決断力…………………迷い		0.43	
	発言力…………………消極性			0.85
③	明朗性…………………陰鬱			0.58
	好奇心…………………無関心			0.52

（出所）　近藤（1995）。

　この方法を用いた諸研究によれば，各教師の視点によって，同じ生徒であっても，光が当たり認められ存在感がもてる場合と，影となり認められず学級での居づらさや教師との関係に気まずさを感じてしまう場合が出てくる。このように考えると，たとえば，生徒の問題行動に，教師の認知空間と生徒のそれとのミスマッチが反映している可能性も考えられるのである。ここに，教師が生徒を理解する自らの人間観を広げ柔軟なものにしていく必要性，つまり教師の

図9-2　横顔と盃　　　　図9-3　嫁と姑　　　　図9-4　主観的輪郭線
（出所）　Rubin（1921）．　（出所）　Borning（1930）．　（出所）　Kaniza（1979）．

自己理解の大切さが示唆されていると言えよう。

　さらに，RCRTから得られた資料に基づいて，集団討論やカウンセリングなどをおこない，教師の生徒の見方，人間関係等を吟味させ変容を促進する介入的な試みも報告されてきており注目される。

■教師の自己理解

　理解するという行為には，理解する側と理解される側が存在する。生徒と教師との関係の文脈では，しばしばこの当たり前のことが見失われてしまう。すなわち，理解する側の教師は絶対的なものであり，理解される側の生徒のことだけが取りざたされることになってしまう。教師がどのように生徒を理解しようとしているのか，その枠組みが同時に問われなくてはならない。この点，図9-2・9-3・9-4の各錯視図形の視覚体験は示唆的である。

　RCRTの理論・方法が示唆するように，教師が常に正しく絶対であるとは限らない。ところが，教師の自己理解の大切さを意識できなくなってしまい，善意ではあっても，一方的に自分の考えを押しつけてしまうと，それはギリシャ神話におけるプロクルステスのベッドの譬えのように，自分の枠組みに生徒を押し込めたり切り刻んだりすることになってしまう危険性がある。

　この点，蘭・高橋・中元（1996）は，実証的な方法に基づいて，教師の成長を生徒認知様式の発達として捉えている。具体的には，単線型で固定的な認知

様式，つまり，規範に基づいてレッテルを貼るような認知様式から，次のような変容を示すという。①自らの認知態度を調整できるようになる（ニュートラル志向）。②多元的な情報から適宜重みづけを変化させ固定的な見方でなくなる（重みづけの変化）。③短絡的な結論を出すことなく繰り返し多角的に確認するようになる（再帰的認知）。

> **学習課題**
> ○児童生徒を共感的に理解することの教育的な意義を，自身の経験や見聞に基づいて考察してみよう。
> ○児童生徒一人ひとりが自分は大切されていると感じられるようにするために，教師として何ができるか考察してみよう。

参考文献

蘭千壽・高橋知己・中元昭広（1996）「教師の成長を考える――教師による生徒認知様式の変容に着目して」蘭千壽・古城和敬編『教師と教育集団の心理』誠信書房，Pp. 211-251。

Borning, E. G. (1930) "A New Ambiguous Figure", *American Journal of Psychology*, 42, Pp. 444-445.

ブロフィ，J. E.・グッド，T. L.，浜名外喜男・蘭千壽・天根哲治共訳（1985）『教師と生徒の人間関係――新しい教育指導の原点』北大路書房。

石隈利紀（1999）『学校心理学』誠信書房。

石隈利紀・田村節子（2003）『石隈・田村式援助シートによるチーム援助入門――学校心理学・実践編』図書文化。

梶田叡一（1978）『教育指導の基本視座』金子書房。

Kaniza, G. (1979) *Organization in Vision : Essay in Gestalt perception*, NewYork: Prager.（野口薫監訳（1984）『図の世界――ゲシュタルトへの招待』サイエンス社）

近藤邦夫（1995）『子どもと教師のもつれ――学校カウンセリングから』岩波書店。

松村暢隆・石川裕之・佐野亮子・小倉正義編（2010）『認知的個性――違いが活きる学びと支援』新曜社。

中川米造（1994）『医療のクリニック』新曜社。

中井大介・庄司一子（2008）「中学生の教師に対する信頼感と学級適応との関連」『発

達心理学研究』19，Pp. 57-68。
ロジャーズ，C. R. (1957)「セラピーによるパーソナリティ変化の必要にして十分な条件」カーシェンバウム，H. ヘンダーソン，V. L. 編，伊東博・村山正治監訳 (2001)『ロジャーズ選集（上）』誠信書房，Pp. 265-285。
ロジャーズ，C. R. (1959)「クライエント・センタードの枠組みから発展したセラピー，パーソナリティ，人間関係の理論」カーシェンバウム，H. ヘンダーソン，V. L. 編，伊東博・村山正治監訳（2001）『ロジャーズ選集（上）』誠信書房，Pp. 286-313。
Rothenthal, R. & Jacobson, L. (1968) *Pygmalion in the classroom : Teacher expectation and pupils' intellectual development*, New York: Holt Rinehart & Winston.
Rubin, E. (1921) *Visuell wahrgenommene figuren*, Cpenhagen: Gyldenalske Boghandel.
ショーン，D., 佐藤学・秋田喜代美訳（2001）『専門家の知恵――反省的実践家は行為しながら考える』ゆみる出版。
杉田峰康監修，鹿島真弓作成（2009）「動物エゴグラム」ニフティ株式会社（www.nifty.co.jp/csr/edu/egogram.html）
鷲田清一（1999）『「聴く」ことの力』TBSブリタニカ。

推薦図書

近藤邦夫・岡村達也・保坂亨（2000）『子どもの成長　教師の成長』東京大学出版会。
鈎治雄（1997）『教育環境としての教師』北大路書房。
菊池武剋編著（2000）『生徒理解の心理学』福村出版。

(吉川成司)

第9章　生徒理解と個別指導

コラム　教師自身の気づきのために：教師用 RCRT

　教師自らの気づきが図られ、児童生徒の見方が変わる方法に教師用 RCRT がある。一人で試みても、教師と児童生徒の関係改善に有効である。学生でも教育実習の直後に実施することが可能である。以下の要領にしたがって、次ページの表を作成してみよう。

第1段階　比較する児童生徒の組み合わせを作成する
①クラスの児童生徒の名前を思い出すままに列挙する。　ⅠＡ欄
②Ａ欄を見ながら似ていると思われる児童生徒を2組記入する。　Ⅱ(1)Ｂ欄
③Ａ欄の最初に思い出した4人と最後の4人を記入する。　Ⅱ(2)Ｃ欄
④「うまの合わない児童生徒」と「うまの合う児童生徒」を各々4人ずつ記入する。　Ⅱ(3)Ｄ欄
⑤「よくわからない児童生徒」と「わかりやすい児童生徒」を各々2人ずつ記入する。　Ⅱ(4)Ｅ欄
第2段階　児童生徒をはかるものさしを見つける
⑥Ⅱ(1)Ｂ欄の児童生徒から、2人に共通に見られる特徴とその特徴とは反対の意味をもつ言葉をⅢ(1)ＢＢ欄に記入する。
⑦Ⅱ(2)Ｃ・Ⅱ(3)Ｄ・Ⅱ(4)Ｅ欄の児童生徒から一方の児童生徒には見られるが、他方の児童生徒には見られない特徴とその特徴とは反対の意味を持つ言葉をⅢ(2)の各々に記入する。
第3段階　見つけたものさしをまとめる
⑧ものさし全体を見渡して、似たもの同士をまとめたり、関連の深いものをつなげたりしてみる。
第4段階　各欄に記入した感想を書く
⑨ⅠＡ欄・Ⅱ(1)～(4)欄・Ⅲ(1)(2)欄の各々を記入してみて感じたことを書く（自分の児童生徒に対するイメージや見方を振り返る）。

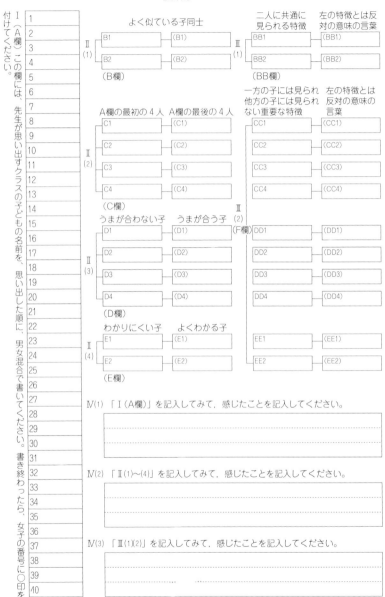

第10章　問題行動と教育相談

「あの子は問題がある」「あの生徒は問題児だね」などとあまり深い意味を考えずに使ってしまうことも多い「問題」という言葉。果たして，「問題」とはなんだろうか？

　ここで例を挙げてみよう。2歳になったタカシくんは，最近お母さんをてこずらせている。お母さんがタカシくんの着替えなどを手伝おうとすると「イヤダ！」，「ご飯食べよう」と声をかけると「イヤダ！」。「イヤダ！」を連発し，「反抗」するのだ。ついお母さんも怒ってしまい，タカシくんも泣いて抵抗する。これは問題行動だろうか？

　この時期を一般に第一次反抗期と呼ぶが，これは子どもに自我が芽生え始め，自分の気持ちを主張し始めた証拠である。子どもの自己主張と親の「思惑」がぶつかり合って，親から見ると「反抗」に見えるのだが，子どもの側から言えば「第一次自己主張期」とも言える。こうした行動は，子どもが発達しているがゆえに起こる行動なのである。このように，一見大人には否定的に見える行動（問題行動）でも発達上重要な意味をもつ行動がある。

　つまり，問題とされる行動が，誰にとって問題であるのか，どのような状況で問題とされるのか，またその背景には何があるのか，によって「問題の捉え方」「問題の意味」は大きく変わってくるのである。

　本章では，「問題行動」の生じるメカニズムやその意味，また援助の一方法としての教育相談について述べていこう。

第10章　問題行動と教育相談

1　「問題行動」を考える視点

■問題行動とは

　子どもの「問題行動」を理解し援助しようとするとき，何に焦点を当てることが必要だろうか。表面に現れる子どもの行動に注目するだけで十分なのだろうか。中山（1992）の「水面に浮かぶ氷の原理」（図10-1）を参考に考えてみよう。

　表面に現れている問題行動は，水面よりも上に出ている氷の部分に当たり，問題行動を生み出している背景（子どもの生育歴，環境，対人関係，発達特性など）は，目で見ることのできない水面下の氷の部分にあたる。問題行動をなくそうと，上から氷を押さえつけても手を離してしまえばまた浮かび上がってくる（問題行動の再燃）。問題行動を根本的に解決するためには，むしろ水面下の氷の部分（問題行動の背景）に注目して理解し支援をおこなう必要がある。また，これは次のようにも考えられる。つまり，水の上に出ている部分があるからこそ，水面下に潜む氷の存在を知ることができると言えるのである。

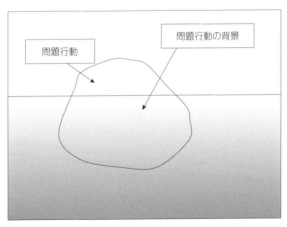

図10-1　水面に浮かぶ氷の原理
（出所）中山（1992）。

児童精神医学の創始者の一人であるカナー（L. Kanner, 1972）は子どもの身体症状に重要な意味を見出している。紙幅の関係上，詳述はしないが，その中の「入場券としての症状」「信号としての症状」の2つについて簡単に触れておきたい。「入場券」とは，子どものための援助機関への「入場券」を意味する。つまり，子どもに何らかの身体症状や問題行動が生じると，周囲の大人（保護者や教員）は，その問題を解決するために医療機関や相談機関などに援助を求めざるを得ない。その結果，子どもや大人が援助機関につながり，問題の解決に向けて援助が開始されることになる。また，「信号」とは「心のサイン」と言い換えることができるだろう。過度のストレスや不安，怒りなど心身に迫ってくる危機を子どもは言葉にすることが難しかったり，自分で意識することそのものが難しい場合が多い。身体症状や問題行動は，言葉に代わってその危機を周囲や本人自身に知らせる警告信号としての意味をもつ。つまり「言葉にならない心のSOS」である。

　このように考えると「問題行動」は，その子どもが「苦しい，助けて！」と援助を求めている「声」であるということがわかる。そして，その子どもの「問題行動」のみを切り取って解決しようとしても根本的な解決にはならないことも納得できよう。

■発達と問題行動
　保護者や教員にとって，子どもに問題がないことに越したことはない。しかし，はたして「問題」が全く起こらないことが良いことなのだろうか。人は誰もが成長・発達にともなって何らかの危機を体験する。それを発達危機という。前述した第一次反抗期も，ヒトの発達の道筋をたどる上で非常に重要な「自我の芽生え」という節目を迎えたからこそ生じる行動である。他にも，重要な発達の節目としては思春期がある。子どもから大人への過渡期である思春期では，子どもたちはそれぞれのやり方で「子どもの自分」を壊し「自分とは何か」を探し始める。そのため，精神的に不安定になったり親に反抗的になることも多い。時には不登校など内に引きこもってしまうことや非行などの反社会的行動

が起こることがある。こうした行動は一見否定的な行動に見えるけれども、大人のステージへと発達段階を上がっていくために子どもたちが悪戦苦闘する姿であり、その問題を解決することで大きく成長することができる。子どもを援助するときには、この視点を忘れないでいたい。

2　問題行動のメカニズムと現れ方

■問題行動のメカニズム

　人は、育っていく過程で、また毎日の生活の中でさまざまなストレスや困難な状況、また前述したような発達の課題に直面している。多くの場合、自分自身の力はもちろん、周囲の人たちの手も借りながらそうした状況を何とか乗り越え、適応し新たな力を身につけていく。その対処していくやり方（適応様式）には、その個人の生きてきた歴史や経験から生みだされた、その人特有のスタイルがある。しかし、過度なストレスがかかったり、重大なライフイベント（学校への入学・卒業、転居、同胞の誕生、家族の死等々）が次々と起きたり、環境に大きな変化があったり、などさまざまな要因が重なると、今まで有効だった従来の「適応様式」では対処しきれない事態になることがある。そうした場合、不適応の状態、つまり「問題行動」が生じる。今まではうまくいっていた対処法や価値観では解決できない問題を前にして、子どもは混乱し不安が高まり自分の内側に閉じこもったり、時に焦りや苛立ちから攻撃的になったりもする。その現れ方は、今まで生きてきた歴史（生育歴）、年齢、環境、本人の特性によって千差万別である。そうした問題を乗り越えていくためには、子ども自身だけの力では困難な場合も多い。周囲の大人が、その「声」をしっかりと受け止め、適切な援助をおこなうことが必要である。

■問題行動の現れ方

　問題行動にはさまざまな背景があり、またその現れ方も多様であるが、大きく3つのタイプに分けることができる。心理面に出る場合、行動面に出る場合、

身体面に出る場合である。心理面に出る場合では，全般不安症，強迫症，抑うつ状態など，精神症状，心理的問題として捉えることができる。行動面に出る場合は，心理的な問題が行動化されたものと考えられ，非社会的行動（不登校，ひきこもり，無力感など），反社会的行動（非行，かんしゃくなど），習癖（抜毛，爪かみなど）がある。身体面に出る場合は，心理的な問題が身体化されたものであり，頭痛，めまい，反復性腹痛，自律神経失調症など心身症として考えることができる。これらは，重複したり時期によって変動したりすることは珍しくなく，明確な区別は困難なことも多い。また，子どもの発達段階によっても現れ方は異なる。低年齢であるほど，心の問題を言語化することは難しく行動や身体に出やすいと言われている。

　こうした問題行動が現れた時にそれが何を意味するのか，前述の「言葉にならない心のSOS」をいかに的確に捉えるか，が援助の有効性を左右する。行動のみに目を奪われず，その子どもの背景や環境，またその場の状況にも注意深いまなざしを向けて，子どもの「心の声」に耳を傾けたいものである。ただし，身体面で何らかの症状が出た場合はすぐに「心因性」と決めつけることはきわめて危険であり，身体の病気が隠れていないか，医療的なチェックを必ずおこなうべきである。

■環境と個人特性のマッチング

　子どもの起こす「問題行動」の中には，その子どものもっている特性と環境の折り合いがうまくつかず，「問題状況」を生むことも多い。特に，発達障害のある子ども達の場合，環境とのミスマッチで発達の「特性」が「問題」になってしまう場合も少なくない。逆に考えれば，環境を整えて折り合いをつけやすくすることで問題が軽減される。一例を挙げよう。

【事例　ADHD（注意欠如・多動症）の疑いがある男児の事例】

　ユウタくんは，小学校1年の男の子である。幼稚園の頃から落ち着きがなく，じ

っとしていることがなかった。外出時にはお母さんは片時も目を離すことができなかったが，元気いっぱいの明るい子どもだった。小学校入学後，1ヶ月ほどして担任教員から「授業中の立ち歩きが多く，授業に集中できない。友達ともトラブルが多い様子」という話があった。小学校入学後，家でもユウタくんがイライラして表情も暗いのが気になっていたお母さんは担任教員やスクールカウンセラーと何度も相談し，病院を受診した。結果は「ADHDの疑いがある」とのことだった。この結果を受けて，保護者と担任教員，スクールカウンセラーが話し合い，学校と家庭でADHDの特性に合わせた環境整備をおこなうことにした。たとえば，「刺激が多いと注意がそれてしまうので，教室の掲示物は極力少なくする」「指示は短くシンプルに」「失敗が多く自己評価が低下しているので，できたことに注目しよく褒める」など。こうした取り組みを続けていくうちに1年生の終わり頃には，離席も減り，注意集中の時間も少しずつ長くなっていった。友達とのトラブルも減り，ユウタくんの表情も良くなって，以前の明るさが戻ったようである。

この事例では，ADHD傾向のあるユウタくんが，比較的自由な幼稚園という場から，「一定時間席についていなければならない」「注意を集中して授業を受けなければならない」小学校という，「枠」や「やらねばならぬこと」のきっちりした環境に移ったことで，その特性が「問題行動」として顕在化した事例である。幼稚園では，自由気ままに行動しても比較的受け入れられていた。つまりその行動は適応的な行動であった。しかし，小学校では注意され，行動を制限されてしまう。つまり，今までのユウタくんの適応様式が通用しなくなったのである。ユウタくんはさぞ混乱したに違いない。それに加えて，このように失敗体験やトラブルが多くなると，二次的な問題として自己評価が下がる，イライラ感がつのるなどの心理的な問題にもつながっていく危険が大きい。この事例では，「問題状況」を解決していくために，ユウタくんの発達特性に合わせて，刺激を少なくする，理解しやすい指示の出し方を工夫するなどして，問題行動を引き起こさないように環境を調整した。このように，発達特性そのものは変わらなくても，環境を整えることによって「問題」が軽減されるのである。また，ユウタくん自身も担任教員の丁寧な指導のもと，小学校という枠組みに合わせていく新たな適応様式を徐々に身につけていき，大きな成長を遂

げたのである。このように,「問題となる行動」を軽減していくためには,対象者個人にのみ焦点を当てるのではなく,そうした行動が生じる原因について環境要因や生活背景も含めて検討する「行動問題」という考え方が必要であろう（小笠原, 2010）。

3 学校における教育相談の役割

教育相談とは

学校の中で教員によって行われる教育相談とは,どのようなものだろうか。1960年代の草創期には,教員がカウンセラーとしてロジャーズ（C. R. Rogers）の来談者中心療法の技法（例：来談者の訴えを受容的・共感的に傾聴する）をそのまま取り入れた教育相談が試みられた。しかし,子どもを指導し評価するという役割をもつ教員の立場や学校での教育実践とかみ合わない部分もあり,教育現場では混乱が生じることも少なくなかった。その後さまざまな変遷を経て,現在では,学校教育相談はカウンセリングではなく教育実践であるという位置づけであり,その対象も何か課題のある子どもだけでなく全校児童生徒が対象となる心理教育的援助サービス（石隈, 1999）のひとつとして考えられるようになってきている。

また,これまでの教育相談では問題が起きた後に行われる個別対応に重点が置かれていたが,「児童生徒の教育相談の充実について」（教育相談等に関する調査研究協力者会議 平成29年）によれば,これからの教育相談では未然防止,早期発見,早期支援・対応さらには,事案が発生した時点から事案の改善・回復,再発防止まで一貫した支援に重点をおいた体制づくりが重要とされている。その体制も,教員が一人で対応するのではなく,スクールカウンセラーやスクールソーシャルワーカーなどの教職以外の専門家を含めた「チーム」で連携・協働して対応することが強調され,学校外の関係諸機関を含む組織的な連携・支援体制をつくり維持していくことが学校に求められている。

■ 教育相談の3つの機能

　学校における教育相談には①問題解決的機能，②開発的機能，③予防的機能の3つの機能がある。それぞれの機能をバランスよく，また対象の子どもたちの発達段階や集団の特徴に合わせて実践していくことが求められている。以下に具体的に説明しよう。

① 問題解決的教育相談

　従来の「教育相談」としてイメージされている機能である。不登校やいじめ，集団不適応，非行，発達特性を背景にした行動問題など，何らかの課題があり，援助を必要としている子どもたちが対象である。これまで述べてきたように，子どもたちが何を訴えようとしているのか，真摯にその声に耳を傾けつつ教員としての立場や役割を十分に活かして家庭や地域と協働しながら，学校のもつ資源を活用し教育的・心理的援助をおこなう。

② 開発的教育相談

　子どもの成長を促進し，その持てる力を十分に発揮できるように援助する機能である。子どもの発達を側面援助する「育てるカウンセリング」（國分，1998）とも言えよう。①とは異なり，学校のすべての子どもが対象であり，あらゆる教育活動の中に含めることができる。こうした援助をおこなうことで，子どもたちが不適応状態になったり問題行動が生じる可能性を少なくしていこうとするものである。授業の中で，エクササイズやワークといった形で実践されることも多い。自己理解・他者理解を深める，コミュニケーションの力を育てる，など多様なプログラムがある。代表的な取り組みとしては構成的グループエンカウンターやアサーション・トレーニングなどが学校でも多く取り入れられるようになってきている（具体的な内容については推薦図書を参照されたい）。

③ 予防的教育相談

　リスク要因（家庭が不安定，転校，発達の偏りなど）のある子どもたちやなんらかの問題の兆候が見られる（遅刻・欠席が増える，服装の乱れなど）子どもたちを対象として，「問題」が深刻化したり大きくなる前に早期発見・早期対応をおこなうものである。早期発見のためのチェックリストや定期的に個別面接をおこなうなどの体制作りや学校全体での取り組みが求められている。

4　学校内・外での連携・協働

　これまで述べてきたように，子どもの抱える「問題」は多岐にわたっており，教育相談などの学校からの援助や介入のみで解決できる事例ばかりではない。ましてや，担任教員がその問題を一人で抱え込んでしまっては事態がいっそうこじれ，深刻化することも少なくない。子どもへの適切な援助をおこなうためには，学校内のさまざまな立場の人たちが協働することは必須であり，時には学校外の専門機関とも協働することが必要である。

■学校内の人的資源と連携・協働

　学校には，さまざまな立場の大人がいる。子どもにとって学校で最も密接な関係をもつ担任教員をはじめとして，学年主任，図工や音楽の専科の教員，中学以降ならば各教科の担当教員，子どもたちの心身の健康を見守る養護教諭，管理職（校長・副校長），またスクールカウンセラー，用務主事や事務員など教員以外の職種の人たちもいる。その多様さは，その人たちのもつ役割や持ち味の多様さを意味するものでもある。子どもは場面によって違う姿を見せることも多い。たとえば，担任教員の目には，意欲のない様子しか見せていない子どもが，専科の図工の時間には生き生きとした姿を見せることもある。そうした姿は担任教員からはなかなか見えてこない。「問題」を抱える子どもたちに対して適切な援助をおこなうためには，その子ども自身や問題状況についての情報を集め，まとめて意味づけしていく必要がある。そのためには，校内の教

員がお互いの情報を共有し，共に考えながら多面的に子どもを理解しようとする姿勢が重要である。情報の共有が不十分だったり対応方針が共通理解されていないと，大人がそれぞれ異なる対応をしてしまう可能性がある。その場合，子どもや保護者が困惑し学校への不信感を募らせることにもなりかねない。こうしたことを防ぐために，支援会議などを開き，情報共有や対応方針の確認をおこなうとよい。すなわち，かかわる大人一人ひとりの持ち味を活かしながら，学校全体で共通した方向性をもった援助をおこなうということである。

　このような学校全体で援助するという考え方は，教員にとっても重要である。なぜなら，教員一人で問題を抱え込むことを防ぎ個人への負担が軽減されることに加え，教員同士がお互いに助け合い，知恵を借り合うことにつながっていくからである。「被援助志向性」（他者に援助を求める態度）が低い中学校教員は燃え尽きやすいという調査もある（田村・石隈，2001）。教員の燃え尽きを防止するためにも，校内で協働するシステムは欠かせないといえよう。

■学校外の専門機関との連携・協働

　校内での連携・協働に加えて，問題によっては学校外の専門機関との連携・協働が必要な場合も多い。不登校などで心理面での問題が大きい子どもの場合，子ども自身への心理援助や保護者の相談を教員が担うことは，その専門性の違いもあって難しいことがある。そうした時に，地域の公立教育相談所などを紹介し，心理援助職による遊戯療法やカウンセリングを勧めることも少なくない。この場合，保護者の了承を得て，学校と教育相談所とは密な連携・協働をおこなうことが重要である。両者でその問題についての共通理解が得られていない場合，極端な例として，学校からは「子どもが嫌がってもなるべく学校に連れてきてください」，教育相談所からは「しばらくはゆっくり家で休ませましょう」などというように，両者から相反することを言われ保護者が混乱する事態になる危険もあり，適切な連携・協働が求められる。

　学校と連携・協働することの多い専門機関には，児童相談所，子ども家庭支援センター，地域の教育相談所，医療機関等がある。特に児童虐待が疑われる

場合には，児童相談所もしくは子ども家庭支援センターとの連携が必須である。また，発達に偏りや特性のある可能性のある子どもの場合，教育相談所や医療機関などで知能検査を受け，発達特徴の見立てや援助方針についてアドバイスを受けることも多くなっている（保護者の了承が不可欠）。その他，服薬など医療のサポートが必要な子ども，家庭に福祉的な介入が必要な子どもなど，子どもの抱える問題が複雑化している現在，こうした専門家のサポートを受ける必要のあるケースが増えてきている。

校内・外を問わず，教員一人で（あるいは学校だけで）問題を抱え込まず，関係者間で情報を共有し，それぞれの立場や専門性を活かしながら援助を考えていくことが今後ますます求められるだろう。

┌─学習課題─┐

○アメリカの精神分析学者エリクソン（Erik H. Erikson）は，ヒトの一生のライフサイクルを8つの段階にわけた。それぞれの段階に，達成すべき発達課題がある。これらの発達課題と「発達危機」について調べてみよう。
○子どもの問題の早期発見のために，チェックリストを使用する以外にどのような手立てがあるだろうか。考えてみよう。
○次のような場合，校内・外でどのような連携・協働が必要だろうか。
【事例　児童虐待が疑われる男児】
　小学校2年のケンタくんは，小学校入学当初から落ち着きがなく授業中の立ち歩きも多かった。時には教室を飛び出してしまうこともあり，担任は対応に苦慮していた。友達のちょっとした言葉でかっとなり，手を上げてケンカになることもしばしばである。いらいらしたり，学級にいることがしんどくなると保健室に行ってしまう。1時間ほど養護教諭と話していると落ち着くようであった。こうした様子を母親に伝えようとしても連絡が取れないことが多く，保護者会にもほとんど出席しない。担任は，家庭訪問を母親に提案するが断られてしまった。最近，ケンタくんは時々腕や足にアザを作ってくることもあり，理由を尋ねても「転んだ」というだけである。また，頭髪や衣服が清潔でない時も多い。担任は，児童虐待を受けている子どもは，ADHDとよく似た行動を示すということを研修で知り，児童虐待の可能性を考え始めた。（答は章末）

やってみよう　エクササイズ　「気になる自画像」

〈ねらい〉
　他の人からの支持により，自己肯定感を高め，和やかな人間関係を作る。
〈おすすめの使い方〉
　学級の小グループ化が進んで，固定し始めた時期に実施する。グループをほぐす一つの方策として。
〈準　備〉
　・グループで円になって座る。　・ワークシートを用意する。
〈インストラクション〉
　「今日は他の人から見た自分について知り，自分のよさに気づくためのエクササイズをします」「まず，自分とメンバーに当てはまる言葉を選びます。『冷静な』『誠実な』『ユーモアがある』など，人の特長や印象を表す言葉です。次に選んだ言葉を伝え合い記録していきます。最後に，選んでくれた言葉を見て感想を言い合います」（以下略）
〈エクササイズ〉
　・6人組になる。自分とメンバーに当てはまると思う特長をあらわす言葉を選んでワークシートに記入する。
　・一人ずつ選んだ言葉をグループのメンバーに伝える。
　・メンバーは選んでもらった言葉を表に書き込む。
　・自分の選んだものとメンバーが選んだものを比べる。
〈シェアリング〉
　「普段思ってもいなかった自画像を伝えられた人は，それをどう感じたか話しましょう」
〈介　入〉
　・友達の選んだ言葉を信じられないと感じている子には，その言葉も自分の一面を示していることを伝える。

・言葉をなかなか選択できない子には，悩まず直感でひらめいた言葉を書くようにアドバイスする。

ワークシート

「気になる自画像」

　　　　　　　　　　　　　　　　年　組　番　名前

自分のことをみんなはどう見ているのかな？
どんなに見られていても平気！

1．冷静な	2．誠実な	3．ユーモアのある	4．気どらない
5．優しい	6．理性的な	7．公平な	8．敏感な
9．勇敢な	10．個性的な	11．あたたかい	12．静かな
13．まじめな	14．親切な	15．思いやりのある	
16．エネルギッシュな		17．頼りになる	18．明るい
19．正直な	20．活発な	21．注意深い	22．社交的な
23．素朴な	21．愛想のよい	25．心が広い	

でも，ちょっと気になるなあ……

私が選んだメンバーの特性 表の中から3つ（以内）選び，言葉で書く			グループのメンバーの名前	メンバーが選んでくれた 私の特性		
			自分			

（出所）　國分・國分（2004：442，519）。

学習課題の解答例

＊連携・協働する対象は……

　　ケンタくんは，保健室がほっとできる場所のようである。養護教諭と緊密に連絡を取り合い，どういう時に保健室を使い，どのように対処するか担任と養護教諭とで共通理解をもつ必要がある。また，児童虐待が疑われる場合は，児童相談所に通告することが教員の義務である。この場合，管理職と相談しつつ児童相談所との連携を考える必要がある。

参考文献

一丸藤太郎・菅野信夫編著（2002）『学校教育相談』ミネルヴァ書房。

石隈利紀（1999）『学校心理学』誠信書房。

石隈利紀・田村節子（2003）『チーム援助入門　学校心理学・実践編』図書文化社。

Kanner, L.（1972）*Child Psychiatry, 4th ed.*（黒丸正四郎・牧田清志訳（1974）『カナー児童精神医学　第2版』医学書院）

國分康孝編（1998）『育てるカウンセリング　考え方と進め方』図書文化社。

國分康孝・國分久子総編集（2004）『構成的グループエンカウンター事典』図書文化。

中山巌編著（1992）『教育相談の心理ハンドブック』北大路書房。

中山巌編著（2001）『学校教育相談心理学』北大路書房。

日本学校教育相談学会刊行図書編集委員会編著（2006）『学校教育相談学ハンドブック』ほんの森出版。

田村修一・石隈利紀（2001）「指導・援助サービス上の悩みにおける中学校教師の被援助志向性に関する研究——バーンアウトとの関連に焦点をあてて」『教育心理学研究』49, Pp. 438-448。

推薦図書

國分康孝監修，片野智治編（1996）『エンカウンターで学級が変わる——グループ体験を生かしたふれあいの学級づくり　中学校編』図書文化社。

國分康孝監修，岡田弘編（1996）『エンカウンターで学級が変わる——グループ体験を生かしたふれあいの学級づくり　小学校編』図書文化社。

諸富祥彦編集代表，水野治久・大竹直子編（2004）『教師が使えるカウンセリング』ぎょうせい。

小笠原恵（2010）『発達障害のある子の「行動問題」解決ケーススタディ——やさしく学べる応用行動分析』中央法規出版。

園田雅代・中釜洋子（2000）『子どものためのアサーション（自己表現）グループワーク――自分も相手も大切にする学級づくり』日本・精神技術研究所。

文部科学省（2017）「児童生徒の教育相談の充実について～学校の教育力を高める組織的な教育相談体制づくり～」（教育相談等に関する調査協力者会議　最終報告）

（高野久美子）

第11章　発達障害と特別支援教育

2002年に閣議決定された「障害者基本計画」では,「障害の有無にかかわらず,国民誰もが相互に人格と個性を尊重し支え合う共生社会」が示され,これに基づき2004年には「障害者基本法」が改正され,「発達障害者支援法」も作られている。さまざまな機能に制約や制限が生じ,社会との相互関係の中で障害があることになったとしても,同じ人格としての土台があり,共に社会に生きる人間である。障がいがあるが故にうまく声をあげることができない人の声に,どれだけ耳をすませることができるのか,対応していけるのか,そのための工夫が全ての人に課せられている。

　特別支援教育という言葉からは,ともすると何か特別な教育をするというイメージを受けるかもしれないが,特別なことをするというのではなく,その教育の中核には,相互にその人格と個性を尊重し支え合うという,人間として当然のかかわりを徹底するということがあるように思う。その上に支援ということがあるのである。どんな人であっても,相互にその人格を尊重するということが,特別なことではないような社会にしていきたいものである。

1 「発達障害」への理解

発達障害という言葉が意味するもの

2004年に,発達障害者支援法が作られているが,この法律の第2条には,「この法律において『発達障害』とは,自閉症,アスペルガー症候群その他の広汎性発達障害,学習障害,注意欠陥多動性障害その他これに類する脳機能の障害であってその症状が通常低年齢において発現するものとして政令で定めるものをいう」とある。

この法律で示されている「発達障害」は,国際的な診断基準の世界標準として権威のある,アメリカ精神医学会(APA)の『精神疾患の診断・統計マニュアル(DSM)第5版』では,発達障害に関する大きなカテゴリーが新設され「神経発達障害症群/神経発達障害群」にとしてまとめられている(表11-1参照)。また,同じく国際的な診断基準の世界標準として権威のある,世界保健機構(WHO)のICD-10(『精神および行動の障害——臨床記述と診断ガイドライン』)では,「精神遅滞」と「心理的発達の障害」と「小児期および青年期に通常発症する行動および情緒の障害」にほぼ該当すると考えられる(表11-2参照)。

「発達障害」について太田(2006:11-14)は,ICD-10の記述などを参考にし,(1)つねに乳児期か児童期の発症,(2)中枢神経系の生物学的成熟に強く関係する

表11-1 アメリカ精神医学会のDSM-5で「神経発達障害症群/神経発達障害群」として分類されている障害

1. 知的能力障害群
2. コミュニケーション症群/コミュニケーション障害群
3. 自閉スペクトラム症/自閉症スペクトラム障害
4. 注意欠如・多動症/注意欠如・多動性障害
5. 限局性学習症/限局性学習障害
6. 運動症群/運動障害群
7. 他の神経発達症群/他の神経発達障害群

(出所)『精神疾患の診断・統計マニュアル(DSM)第5版』(2014)。

表11-2 世界保健機構でICD-10で「精神遅滞」「心理的発達の障害」と「小児期および青年期に通常発症する行動および情緒の障害」として分類されている障害

```
1．精神遅滞
2．心理的発達の障害
  ① 会話および言語の特異的発達障害
  ② 学力［学習能力］の特異的発達障害
  ③ 運動機能の特異的発達障害
  ④ 混合性特異的発達障害
  ⑤ 広汎性発達障害
  ⑥ 他の心理的発達の障害
  ⑦ 特定不能の心理的発達の障害
3．小児期および青年期に通常発症する行動および情緒の障害
  ① 多動性障害
  ② 行為障害
  ③ 行為および情緒の混合性障害
  ④ 小児期に特異的に発症する情緒障害
  ⑤ 小児期および青年期に特異的に発症する社会的機能の障害
  ⑥ チック障害
  ⑦ 通常小児期および青年期に発症する他の行動および情緒の障害
```

（出所）『ICD-10精神および行動の障害』(2000)。

機能の発達の障害あるいは遅れ，(3)多くの精神障害を特徴づける傾向のある軽快や再発のない安定した経過，の3つの特徴を有する障害であるとしている。先の発達障害者支援法にも示されているように，一般的には，精神遅滞も含めて，発達の早期に中枢神経系に何らかの障害あるいは遅れが生じた結果，心理的な発達に障害が生じた状態を指すことが一般的である。ただ，この「発達障害」の定義については，視聴覚などの感覚障害や脳性麻痺など，身体的な発達に障がいが生じた状態をも含めるという，広義の立場もある。

■世界保健機構から示された障害概念

1994年には，障害の有無にかかわらず全ての子どもを対象に，一人一人の特別な教育的ニーズに応じた教育をおこなうべきであるとした「インクルージョン」の原則が明示された「サラマンカ宣言」が，ユネスコの「特別のニーズ教育世界会議」で採択されている。その後，この「インクルージョン」の理念は，WHOが2001年に公にした改訂版「国際生活機能分類」に示された障害概念と

して結実することになる。そして、この障害概念によって、日本においても特別支援教育が大きく推進されることになった。

　ここで示された障害概念は、障害を個人の責任に課していた従来の考え方を否定し、障害を個人と環境との相互作用の中で捉えようとするものであり、その責任を社会全体に課すものである。つまり、個人因子として不利な条件があったとしても、その不利な条件によって、その個人が社会的な不利益を被るかどうかは、環境としての社会との相互作用によるのであるから、環境の側からの適切な支援を、共に同じ社会に生きる人間として、社会全体でおこなっていこうという理念を含んでいる概念といえよう。

■ 連続体という考え方

　ウィング（L. Wing, 1986）は、自閉性のさまざまな診断群を、各々別個の障害としてではなく、一連の連続体として捉えることの方がふさわしいとして、自閉症スペクトラム（autistic supectrum disorder）という用語を用いたが、今回19年ぶりに改訂された、アメリカ精神医学会の『精神疾患の診断・統計マニュアル（DSM）第5版』では、「広汎性発達障害」という名称が、「自閉症スペクトラム」に変更されている。このスペクトラム（連続体）として障害を捉える観点を広げれば、誰にでも障害・疾患の要素は可能性としてあり、その実際に発現する程度も連続しているということにならないだろうか。このような考え方からすれば、教育においてまず大事なことは、障害・疾患があるかないかではなく、そこに人格があるということになる。その上で、そこに多様な特性が備わっているということになる。

　河合（2007）は、「治療者の私がもう一人の私としての病者を明確に自覚すると、病者の心のなかのもう一人の私としての治療者がはたらきはじめるようである」と述べている。発達障害がある子どもに対して、人格を尊重する接し方ができるためには、教師であるならば、まず教師自身の中の「障害がある子ども」とのつながりを自覚することが大切ではないだろうか。

　子どもを自分と別個のものとしてみるのではなく"分身"とみるのである。

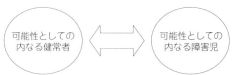

図11-1　私のなかの私としての病者

　自分の中の「もう一人の私」を粗末にしないことが大事である。まず，困っている子どもに要求するというのではなく，子どもが善くなるために自分がどのように関われば良いのかを，自分自身の中の「もう一人の私」に聴く姿勢を大切にしたい。

　そのように，目の前の教師が接してくれることで，障害がある子どもは，大事にしてもらっていると感じることができたり，受け容れてもらえているという安心感が生まれたりする。子どもにとって教師が自分とは違う異質なものでなくなることで，教師の言葉など，受け入れやすくなる。そして，その子どもの中の「内なる教師」が息づく（図11-1参照）ようになる。このようにして息づきはじめた「内なる教師」をもとに，子どもは各々に応じて，自他の受容や自己変容が促されていくように思う。

2　特別支援教育で主な対象となっている発達障害

特別な教育的支援を必要とする児童生徒

　文部科学省は2012（平成24）年2月から3月にかけて「通常の学級に在籍する発達障害の可能性のある特別な教育的支援を必要とする児童生徒に関する全国調査」を実施している。それによれば，小中学校の通常学級に在籍し特別な教育的支援を必要とする児童生徒が6.5％いることが推定された。この約6％という割合は，40人学級なら2～3人程度，30人学級なら2名程度ということになる。このうち，LD（学習障害）に抵触する部分が多いと考えられる，「聞く」「話す」「読む」「書く」「計算する」「推論する」に著しい困難を示した児

童生徒は4.5％，注意欠損／多動性障害（ADHD）に抵触する部分が多いと考えられる，「不注意」や「多動性―衝動性」の問題で困難を示した児童生徒は3.1％，高機能自閉症に抵触する部分が多いと考えられる，「対人関係やこだわり等」の問題で困難を示した児童生徒が1.1％いた。

　この調査は，専門的な医師による診断によるものでもなく，通常の学級の担任に対して，質問紙を用いて実施されたものであったことを考慮しても，担任をしている教師が困っているとみている児童生徒の数は決して少ないとは言えない。

■ LD・ADHD・高機能自閉症について

　特別な教育的支援を必要とする児童生徒に関する全国調査などを受け，2003年には，『今後の特別支援教育の在り方について（最終報告）』が文部科学省でなされているが，この中で，特別支援教育の対象として，従来の特殊教育の対象に加え，LD, ADHD, 高機能自閉症を含めるとした。

　これらの発達障害の国際的な診断基準の代表的なものとしては，アメリカ精神医学会（APA）の『精神疾患の分類と診断の手引（DSM）』と世界保健機構（WHO）の『国際疾病分類（ICD）』とがあるが，文部科学省は，主に『国際疾病分類（ICD）』を参考にしながら，幾つかの代表的な発達障害について，教育的な視点にも配慮しつつ，その基準と実態把握のための観点を示している。

　代表的な発達障害とは，LD, ADHD, 高機能自閉症である。なお，ここでいう高機能自閉症は，今回改訂された『精神疾患の診断・統計マニュアル（DSM）第5版』では，自閉スペクトラム症にほぼ該当すると考えられる。

　ここでは，特別支援教育で主な対象とされている，これら発達障害について，文部科学省による定義などを紹介する。

　LD（学習障害）について文部科学省は，1999年の『学習障害児に対する指導について（報告）』で，「学習障害とは，基本的には全般的な知的発達の遅れはないが，聞く，話す，読む，書く，計算する又は推論する能力のうち特定のものの習得と使用に著しい困難を示すさまざまな状態を指すものである。学習

障害は,その原因として中枢神経系に何らかの機能障害があると推定されるが,視覚障害・聴覚障害・知的障害・情緒障害などの障害や環境的な要因が直接の原因となるものではない」と定義している。

なお,ここでいう文部科学省の教育用語としてのLD(学習障害)は,今回改訂された『精神疾患の診断・統計マニュアル(DSM)第5版』では,読字障害・算数障害といった学力面の発達障害の「限局性学習症／限局性学習障害」だけでなく,それに加え,聞く・話すといった交流の障がいとして分類されている「コミュニケーション症群／コミュニケーション障害群」の「言語症／言語障害」・「語音症／語音障害」にほぼ該当すると考えられる。

なお,『学習障害児に対する指導について(報告)』では,以下に示すように,校内委員会における実態把握のための基準と留意事項が示されている。

1　実態把握基準と留意事項

(1) 実態把握のための基準
A．特異な学習困難があること
① 国語又は算数(数学)(以下「国語等」という。)の基礎的能力に著しい遅れがある。
・現在及び過去の学習の記録等から,国語等の評価の観点の中に,著しい遅れを示すものが1以上あることを確認する。この場合,著しい遅れとは,児童生徒の学年に応じ1〜2学年以上の遅れがあることを言う。
　　小2,3年1学年以上の遅れ
　　小4年以上又は中学2学年以上の遅れ
　なお,国語等について標準的な学力検査の結果があれば,それにより確認する。
・聞く,話す,読む,書く,計算する又は推論する能力のいずれかに著しい遅れがあることを,学業成績,日頃の授業態度,提出作品,ノートの記述,保護者から聞いた生活の状況等,その判断の根拠となった資料等により確認する。
② 全般的な知的発達に遅れがない。
・知能検査等で全般的な知的発達の遅れがないこと,あるいは現在及び過去の学習の記録から,国語,算数(数学),理科,社会,生活(小1及び小2),外国語(中学)の教科の評価の観点で,学年相当の普通程度の能力を示すものが1以上

あることを確認する。
B．他の障害や環境的な要因が直接の原因ではないこと
・児童生徒の記録を検討し，学習困難が特殊教育の対象となる障害によるものではないこと，あるいは明らかに環境的な要因によるものではないことを確認する。
・ただし，他の障害や環境的な要因による場合であっても，学習障害の判断基準に重複して該当する場合もあることに留意する。
・重複していると思われる場合は，その障害や環境等の状況などの資料により確認する。

ADHD（注意欠損／多動性障害）について文部科学省は，2003年の『今後の特別支援教育の在り方について（最終報告）』で，次のような定義を示している。

ADHDとは，年齢あるいは発達に不釣り合いな注意力，及び／又は衝動性，多動性を特徴とする行動の障害で，社会的な活動や学業の機能に支障をきたすものである。また，7歳以前に現れ，その状態が継続し，中枢神経系に何らかの要因による機能不全があると推定される。

なお，『今後の特別支援教育の在り方について（最終報告）』では，以下の判断基準も示されているが，これは専門家チームで活用することを前提に作成されたものであり，学校現場で発達障害と判断するためのものではないことに十分に留意する必要がある。その上で，関係機関につながることも含めて，児童生徒の支援をおこなうための参考としていきたい。

A　以下の「不注意」「多動性」「衝動性」に関する項目の多くが当てはまり，少なくともその状態が6ヶ月以上続いている。
　○不注意
　　・学習や作業で，うっかり不注意な間違いをしてしまう。
　　・課題や遊びで気が散りやすく，注意を集中し続けることが難しい。
　　・言われても頭に入らなかったり，指示を忘れてしまったりする。
　　・順序良く取り組めない。他からの刺激に惑わされる。

> ○多動性
> ・みんなが着席しているところで歩き回る。
> ・着席しても，そわそわ，もじもじ，キョロキョロが目立つ。
> ・じっとしていない。又は何か駆り立てられるように活動する。
> ○衝動性
> ・質問が終わらないうちに答えてしまう。
> ・順番を待てない。一方的に割り込んだりしゃべったりする。
> B 「不注意」「多動性」「衝動性」の内のいくつかが7歳以前に存在し，社会生活や学校生活を営む上で支障がある。
> C 著しい不適応が学校や家庭などの複数の場面で認められる。
> D 知的障害（軽度を除く），自閉症などが認められない。

　この文部科学省によるところの，ADHD（注意欠損／多動性障害）は，『精神疾患の診断・統計マニュアル（DSM）第5版』では，「注意欠如・多動症／注意欠如・多動性障害」にほぼ該当すると考えられる。

　「不注意」「多動性」「衝動性」に関する項目の多くが当てはまることが，ADHDの判断基準とされているが，このような症状が，薬によって改善する場合があるが，その薬が効いている間だけであり，薬によって，障害それ自体が治るわけではない。そして全ての児童生徒に効果があるわけでもない。障がいからくるその行動の特性から，対人的な衝突が生じ，LDや自閉症以上に，注意や叱責を受ける場合がある。その結果，学校でその居場所を失い，不登校になったり，非行に走る場合もある。

　高機能自閉症について文部科学省は，2003年の『今後の特別支援教育の在り方について（最終報告）』で，次のような定義を示している。

> 　高機能自閉症とは，3歳位までに現れ，①他人との社会的関係の形成の困難さ，②言葉の発達の遅れ，③興味や関心が狭く特定のものにこだわることを特徴とする行動の障がいである自閉症のうち，知的発達の遅れを伴わないものをいう。また，中枢神経系に何らかの要因による機能不全があると推定される。

『今後の特別支援教育の在り方について（最終報告）』では，ADHD同様，以下に示すように，専門家チームで活用されることを前提に作成された判断基準も示されているが，ADHDの場合と同様，学校での使用に当たっては十分な注意が必要である。

A　知的発達の遅れが認められないこと
B　以下の項目に多く該当する。
　○人への反応やかかわりの乏しさ，社会的関係形成の困難さ
　　・目と目で見つめ合う，身振りなどの非言語的な行動が困難である。
　　・同年齢の仲間をつくることが困難である。
　　・楽しい気持ちを他人と共有することや気持ちでの交流が困難である。
　○言葉の発達の遅れ
　　・話し言葉の遅れがあり，身振りなどにより補おうとしない。
　　・他人と会話を開始し継続する能力に明らかな困難性がある。
　　・常同的で反復的な言葉の使用または独特な言語がある。
　　・その年齢に相応した，変化に富んだ自発的なごっこ遊びや社会性のある物まね遊びができない。
　○興味や関心が狭く特定のものにこだわる
　　・強いこだわりがあり，限定された興味だけに熱中する。
　　・特定の習慣や手順にかたくなにこだわる。
　　・反復的な変わった行動（たとえば，手や指をばたばたさせるなど）をする。
　　・物の一部に持続して熱中する。
　○その他の高機能自閉症のおける特徴
　　・常識的な判断が難しいことがある。
　　・動作やジェスチャーがぎこちない。
C　社会性生活や学校生活に不適応が認められること

先に述べた通り，特別支援教育で主な対象とされている，これら発達障害についての定義は，主に『国際疾病分類（ICD）』を参考にしている。しかし，今回のアメリカ精神医学会の『精神疾患の診断・統計マニュアル（DSM）第5版』では，これまでの下位分類をもつ「広汎性発達障害」という総称が，下位

分類をもたない「自閉スペクトラム症／自閉症スペクトラム障害」と変更されている。これらのことを受けて、さらに今後改訂が予定されている『国際疾病分類（ICD）』の動向をふまえつつ、注視していく必要がある。

3 特別支援教育を推進するために

特別支援教育とは

『今後の特別支援教育の在り方について（最終報告）』には、「特別支援教育とは、これまでの特殊教育の対象の障害だけでなく、その対象でなかったLD、ADHD、高機能自閉症も含めて障害のある児童生徒に対してその一人一人の教育的ニーズを把握し、当該児童生徒の持てる力を高め、生活や学習上の困難を改善又は克服するために、適切な教育を通じて必要な支援を行うもの」だとある。さらには「この特別支援教育は、障害のある児童生徒の自立や社会参加に向けた主体的な取組を支援するためのものと位置付けられる」ともこの報告では述べている。

特別支援教育は、主にはLD、ADHD、高機能自閉症も含めて障害がある児童生徒に対して行われるものだと考えられてきたが、ユニバーサルデザインという言葉が強調されるようになってきているように、特定の児童生徒を対象に支援することをめざすのではなく、全ての児童生徒を対象におこなうことをめざすようになってきている。これには、障害がある児童生徒の多様な教育的ニーズに対して、その本人の視点に立って、生活や勉強がしやすいように支援することは、障害がない児童生徒への教育的支援にもなるのだという考え方が背景にあるように思う。たとえば、視覚優位の発達障害がある児童生徒のために、写真や具体物などを用いながら、一日の予定を示し伝えることは、障害のない児童生徒の見通しを丁寧に支援することにもなるなどである。

障害がある児童生徒が学級にいる場合、その本人の努力だけで解決できる課題もあろうが、本人だけでは難しい場合も多い。それほど問題がない学級であっても、うまくコミュニケーションが取れないという一次的な障害がきっかけ

第11章　発達障害と特別支援教育

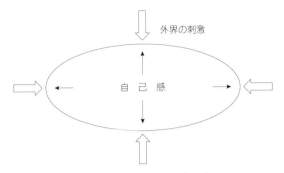

図11-2　外界の刺激と自己感

（出所）　小林（2000）。

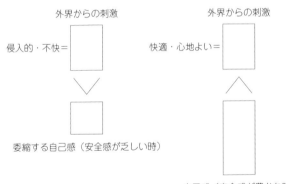

図11-3　周りからの刺激と自己感との関係で変わる刺激の意味

で，その学級にうまく適応できず不登校になるという場合もある。一次的な障害が，不登校などの二次的な障害に結びついてしまう危険性があるのである。そうならないために，一人一人の課題と共にその良さをお互いに認識できるよう工夫しながら，このような児童生徒の居場所づくり，環境づくりをしていくことが大事になる。

199

■発達障害のある児童生徒を理解するということ

　目の前の児童生徒が，今，何に困っているのか。どんな支援を必要としているのか。児童生徒の側に立った児童理解が大切である。そのような立場に立つことで，児童生徒の主体的な意欲に添うことができると考えられる。どんなに良いことでも，本人がやろうとしなければ価値は生まれない。

　小林（2000）は，安全感によって自己感が拡張していれば，外的環境は心地よい刺激となるが，もし自己感が萎縮しているならば，外的環境からの刺激は，「圧迫感を与え，侵入的ないし迫害的な感じさえ与えかねない」としている。自己感の強さと外的環境からの刺激との力関係で，外的な刺激の意味は変化するのである。そして発達に障害がある彼らの自分や環境への認知や情動の在り方は特異なものである。そして，彼らの環境との関係はとても微妙で繊細である。したがって，彼らとその周りの状況やその前後の出来事などもセットで総合的に理解する必要がある。

　具体的には，（図11 - 4参照）

①② 対象となる子どもの特性を知る。発達の障害について，身体疾患の可能性も含めさまざまな可能性を閉じないことが大切である。まず人格がありそこに多様な特性が備わっているという視点を大切にしたい。自分自身をどう理解しているかという点も大事である。

③ 教師が自分自身を知るということである。精神分析では「転移逆転移」という人間間の相互の精神的な力動を想定しているが，人と人との関係は，相関的であり，相手が違えば同じ人でもいろいろな側面を出す。相手理解の前提となる，自分理解が大切である。それを踏まえなければ，相手を，相手との相関の中で理解することはできない。

④ 教師の側が児童を理解していると思っているだけでは不十分である。教師の理解が本当の児童理解になっているかどうかを決めるのは，当の相手となっている児童生徒である。児童生徒の側が，教師が自分を本当に理解していると思っているかどうかが問われる。

⑤ その子どもとその他の人との間の関係の在り様といったものを知るとい

第11章　発達障害と特別支援教育

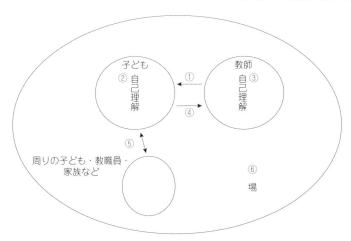

図11-4　児童・生徒理解に関する諸構造
図中の①〜⑤は200〜201頁の本文に対応する。

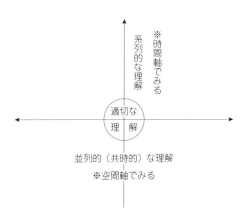

図11-5　系列的な理解と並列的（共時的）理解

うことも大切である。子どもを理解する場合に，その周りにどういう人が何人ぐらいどのくらいの時間いたかといった情報も大切になる場合があるように思う。

⑥ 本人の身体的生理的な環境も含め，その環境との関係を知るということである。目に見える周りの物の種類や数や色境だけでなく，目に見えない，音や匂い，天候等の環境等の情報も大切にしたい。気圧による生理的心理

的な影響が行動面に表れるといった場合もあるように思う。
⑦ 何かの問題行動を理解する場合などは，上記のような空間的な情報（並列的な理解）だけでなく，その前後の出来事（系列的な理解）も含めて，それらの情報を総合的に分析する必要がある。このような分析を通して，一見複雑に見えていた，不適応を起こしやすい状況や，問題行動の特徴が見えてくる場合がある。それらの情報は，その行動が故意かそれともその障害のゆえなのかをしる手がかりにもなる。

　上記のような児童理解において，彼らの変化するところと変化しないところに注目することは有用はである。彼らが変化しないところは，何処かということを探すことで，彼らの特性が読み取れるはずである。また，変化するところをあわせて検討することで，どのような要因でどのように変化するのかという，彼らの行動や表現のパターンが分析できるように思う。このようなことによって得られた理解は，教師の懐の深い対応を可能にしてくれるのではないだろうか。

　上記の③で，彼らが教師の児童理解を，どう理解しているかということが重要であると述べたが，教師の完璧な児童の理解といったものは難しい。限りなく，真の児童理解に近づいたとしても，それはどこまでも近似値でしかないように思う。児童生徒の側からの教師の児童理解を考える時，このような理解のズレを埋めてくれるものこそ，教師の児童生徒を信じ愛する力でないかと思っている。このような力によって，不十分である教師の児童理解であっても，児童生徒は，自分を教師は良く理解してくれていると思ってくれるように思う。信じ愛する力で自分の良さを見つけてもらうことで，児童生徒は，教師が自分を理解してくれていると思ってくれるようだ。なお，教師自身が自分の課題と共に良さを見つけることができること，児童生徒が自分の課題と共に良さを見つけることができるようになることは，深いところでつながっているように思う。

■アセスメント（見立て）と支援

　効果的で適切な支援をおこなうためには，一人一人の特性を見とるアセスメントが重要である。その児童生徒の特性を見とるためには，心理的精神的面

第11章　発達障害と特別支援教育

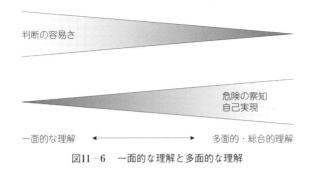
図11-6　一面的な理解と多面的な理解

（こころ）と身体的行動面（からだ）の両面から，見ていかなければならない。しかし，こころは目には見えないので，アセスメントする場合には，対象となる児童生徒の行動を観察したり，何かの意図をもってある種の検査をしてもらうことになる。これらの検査を，教師が教育現場で実際におこなうことは少ないと思うが，関係機関などでこれらの検査を受けてもらうことはあると思う。関係機関などの検査などから，それら情報が示しくれているものを，保護者と教師などが共有し，それらを参考にして，関係機関も含めた連携を検討する必要がある。家庭でできる工夫，学校現場でできる工夫，関係機関でお願いする工夫などが，有機的にものとしてつながることが大事である。

　ところで，どの検査にしろ，その検査によって測定できる領域は限定的である。そこで多くの場合，いくつかの検査を組み合わせて実施し，総合的に分析することが多い。いくつかの検査を組み合わせるということを，検査バッテリーというが，発達障害のある児童生徒を理解する上で，このように多面的な理解が大切である。

　実際の教育現場において児童生徒を見立てる際にも，その生活の在り様を基本に，諸検査も含め多面的に総合的に情報を集め，分析する必要がある。小学校において，同じ児童生徒が，学級担任が授業をした際と専科の授業を受けている際とで，行動や態度が違ったりしている場合もある。授業中の態度だけでなく，その児童生徒のノートなども合わせて，検討することも大切である。学校での態度と家での態度を合わせて，検討することでわかることもある。いく

つかの情報を並列的に並べて，比較することで，多面的な分析が可能になる。

　また，関係機関において，一回の検査の結果だけで的確な分析をすることは難しく，ある程度の時間的な経過をおいて，再び同じ検査をすることがある。このように時間的な経過を通じて系列的に，児童生徒を理解することも大切である。

■代表的な検査からの知見の活用

　多くの検査が，発達障害のある児童生徒へのアセスメントで用いられているが，ここでは代表的な検査を紹介し，教育現場で生かしたい知見を示す。

　まず最もよく使われる検査は，児童版ウェクスラー式知能検査である（コラム「児童版ウェクスラー式知能検査－第4版（の検査について」参照）。

　これは子ども本人にしてもらう検査で，日常生活で必要とされる基礎的な能力を測定する。ここでは，第4版（WISC-Ⅳ）の検査事例を示し，その結果の解釈とそこから導き出される支援の例を示す。

A君の児童版ウェクスラー式知能検査の結果

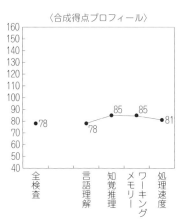
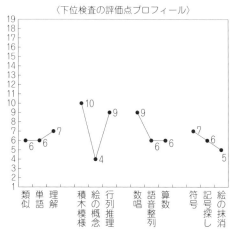

《検査結果についての解釈例》
　「言語理解」の指標とその下位検査から，単語の知識や抽象概念・上位概念の理解，日常的な問題解決や社会的ルールの理解の未熟が推察される。類似に関して，共通点を見つけることが難しかったようである。「知覚推理」の指標とその下位検査では，積木模様や行列推理は平均レベルだが，絵の概念は，言語理解の類似が低く，抽象概念・上位概念の理解が苦手なことが影響して，低くなったとも考えられる。また，ワーキングメモリーとその下位検査では，数唱は平均レベルであったが，語音整列や算数は低かった。聞いた情報をそのまま覚えることは平均的な力があるようだが，情報を整理しながら覚えることは苦手のようである。処理速度とその下位検査では，全般的に作業はゆっくりであり，情報を素早く処理したり，作業を素早くすることは苦手であると推察される。

《検査結果から導き出される支援の例》
○文章だけでなく内容の理解が難しい場合には，絵や写真などで説明する。この場合，図のような抽象的なものではなく，なるべく具体物を用いることが良いと思われる。
○暗算など，頭の中だけで作業させることは，なるべく避ける。
○課題に取り組む分量や時間をあらかじめ伝えておく。
○本人のペースで取り組めるよう，課題に取り組む時間を工夫する。

　なお，検査結果に記されている，検査時の児童の様子や検査者とのやり取りなどの記録も，支援を考える上で，大変重要な情報を提供してくれる。これは他の検査でも同様である。たとえば，検査の間ずっと体を動かしていたとか，検査に取り組むのに時間がかかったとか，こちらの説明がうまく伝わらない場面があったなどの所見が記されている場合がある。検査によって児童は，心理的に負荷をかけられた状況に置かれるため，日常の課題が顕在化しやすい。そこで検査時の上記のような所見と日常の様子を合わせて考えてみることで，ウェクスラー式知能検査の検査項目だけでは捉えきれない課題が明らかになる場

合がある。前回の検査結果があれば，それと比較し，変わらないことと変わったことをはっきりさせることで，より確かな支援を導きだせる。

　ウェクスラー知能検査のように個人内の能力の差が測定できるものとして，認知的処理能力と習得度から知能を測定するK-ABC心理・教育アセスメントバッテリー，個人内の言語学習能力が測定できるITPA言語学習能力診断検査，視知覚技能が測定できるフロスティッグ視知覚発達検査などがある。その児童生徒の能力の個人内差に注目し，その特徴をつかむということは，発達障害がある児童生徒の"生きづらさ"や"生きにくさ"を理解する上で大変重要である。

　また，発達検査である「新版K式発達検査」や「乳幼児分析的発達検査法」は，主に小学校就学前の乳幼児の精神発達や身体運動発達を調べるために実施されることがあるが，発達の遅れを知る上で有用である。いずれも子ども自身がするという検査ではなく，養育者などの観察によってなされる検査である。これらの検査の項目は，実際の教育現場で発達を見とるポイントを教えてくれる。

学習課題

○「発達障害」とはどのような障害を指すか，説明しなさい。
○特別支援教育で主な対象となっている3つの発達障害とその障害の特性について説明しなさい。
○特別支援教育を推進するためには，どのような点に留意しながら，発達障害児・者を理解していくことが大切か考えてみよう。

参考文献

American Psychiatric Association (2013) *Diagnostic and Statistical Manual of Mental Disorders, 5th Edition,* American Psychiatric Association.（日本精神神経学会監修，高橋三郎・大野裕監訳（2014）『DSM-5 精神疾患の診断・統計マニュアル』医学書院）

学習障害及びこれに類似する学習上の困難を有する児童生徒の指導方法に関する調査研究協力者会議（1999）『学習障害児に対する指導について（報告）』。

市川宏伸（2014）「DSM-5 と特別支援教育への影響」『LD 研究』2（23）：152-159.
河合隼雄（2007）『対話する生と死』大和書房。
小山充道編（2008）『臨床心理アセスメント』金剛出版。
内閣府（2002）『障害者基本計画』。
日本自閉症スペクトラム学会編（2005）『自閉症スペクトラム児・者の理解と支援』教育出版。
太田昌孝（2006）『発達障害児の心と行動』日本放送出版協会。
特別支援教育の在り方に関する調査研究協力者会議（2003）『今後の特別支援教育の在り方について（最終報告）』。
東京都教育委員会（2007）『東京の特別支援教育〜特別支援教育体制・副籍モデル事業等報告書〜』東京都
佐藤修策監修，相馬誠一編（2007）『学校カウンセリングの理論と実践』ナカニシヤ出版。
Wing, L.（1996）*The Autistic Spectrum. Constable.*（久保紘章・佐々木正美・清水康夫監訳（1998）『自閉症スペクトル――親と専門家のためのガイドブック』東京書籍）
World Health Organization（1992）*The ICD-10 Classification of Mental and Behavioural Disorders,* WHO.（融道夫・中根允文・小宮山満監訳（2000）『ICD-10 精神および行動の障害』医学書院）

推薦図書

麻生武・浜田寿美男編（2012）『よくわかる臨床発達心理学』ミネルヴァ書房。
東田直樹（2007）『自閉症の僕が跳びはねる理由――会話のできない中学生がつづる内なる心』エスコアール。
加藤康紀（2015）『はじめての通級　これからの通級――通級指導教室担任　あるある Q&A』学研プラス。
杉山登志郎（2011）『発達障害のいま』講談社。
筑波大学附属大塚特別支援学校（2015）『特別支援教育のとっておき授業レシピ――「いつ」「なにを」「どのように」教えるかがわかる！』学研教育出版。

（長島明純）

コラム　児童版ウェクスラー式知能検査 - 第4版（WISC-Ⅳ）の検査の課題と指標

　児童版ウェクスラー式知能検査は，子ども本人にしてもらう検査で，日常生活で必要とされる基礎的な能力を測定することを目的としている。第4版（WISC-Ⅳ）の検査は，以下の15種類の課題から構成されている。以下，日本版 WISC-Ⅳ実施・採点マニュアルからの抜粋をもとに，それぞれの課題について説明する。

積み木模様：モデルとなる模様（積木または図版）を提示し，決められた数の積木を用いて，制限時間内に同じ模様を作らせる。

類　似：共通のもの，あるいは共通の概念をもつ2つの言葉を口頭で提示し，それらのものや概念がどのように類似しているか答えさせる。

数　唱：決められた数字を順番に読んで聞かせ，それと同じ順番（順唱）で，あるいは，逆の順番（逆唱）で，その数字を言わせる。

絵の概念：2から3段からなる複数の絵を提示し，それぞれの段から共通の特徴のある絵を1つずつ選ばせる。

符　号：幾何図形，または数字と対になっている記号を書き写させる。

単　語：絵の課題では問題冊子の絵を提示し，その名称を答えさせる。語の課題では，単語を読んで，その意味を答えさせる。

語音整列：一連の数とカナを読んで聞かせ，決められたルールで並べかえさせる。

行列推理：一部分が空欄になっている図版を見せて，その下の選択肢から空欄に当てはまるものを選ばせる。

理　解：日常的な問題の解決や社会的ルールについての理解に関して質問をし，それに口頭で答えさせる。

記号探し：左側の記号が右側の記号のグループの中にあるかどうかを判断させ，「ある」または「ない」に○をつけさせる

絵の完成：様々な絵の中から特定の種類の絵を探して線を引かせる。

知　識：一般的な知識について質問し，それに答えさせる。

算　数：算数の問題を口頭で提示し，暗算で答えさせる。

語の推理：いくつかのヒントを与え，それに共通する概念を答えさせる。

　以上の課題は下位検査と呼ばれるが，これらの課題は以下の4つの指標にまとめられる。

○言語理解（類似＋単語＋理解）：言葉の意味や概念の理解力，推理力，表現力，知識を得る力

○知識推理（積木模様＋絵の概念＋行列推理）：目でみた情報から推理したりを構成したりする力

○ワーキングメモリー（数唱＋語音整列＋算数）：聞いたことを一時的に記憶し頭の中で操作

して結果を出す力，注意力，集中力
○処理速度（符号＋記号探し＋絵の抹消）：記号や絵を素早く見分けて作業する力，目で見た情報と手の動きとを合わせる力

　これらの能力の高低やバランスから，現在の知的発達水準やその特徴（得意と不得意）を知り，今後の対応や配慮すべき点を導きだす。個人内の能力差が大きい子どもの支援方法を検討する上で有用である。

（長島明純）

人名索引

ア行

相川充　144
東小百合　26
蘭千壽　141, 166
石隈利紀　158, 178
板倉聖宣　83
ヴィゴツキー, L.　84
上村福幸　7
ヴント, W.　25
エインズワース, M. D. S.　69
エリクソン, E. H.　45, 47
オースベル, D.　85

カ行

梶田叡一　161
粕谷貴志　136, 137
ガードナー, H.　92
カナー, L.　174
ギブソン, E. J.　54
ギリガン, C.　73
グッド, T. L.　161, 162
グレイザー, B.　26
クロンバック, L.　90
ケリー, G. A.　164
コールバーグ, L.　71, 73
國分久子　143
國分康孝　142, 143
小林正幸　147
近藤邦夫　164

サ行

佐藤寛　144
佐藤正二　145
ジェンセン, A. R.　38
篠原しのぶ　149
シュマック, R. A.　135
ショーン, D.　164
ストラウス, A.　26
園田雅代　144

ソーンダイク, E. L.　7

タ行

高橋知己　166
滝充　144
ターマン, L. M.　7
田村節子　158, 159
デシ, E.　103

ナ行

中釜洋子　144
中川米造　156
中元昭広　166
楢崎浅太郎　7

ハ行

ハヴィガースト, R. J.　42
ハーザン, C.　69
バルテス, P. B.　39
ハーロウ, H. F.　56
ハーロック, E. B.　13
平井昌夫　19
ピアジェ, J.　62, 68
ファンツ, R. L.　54
ブルーム, B.　88, 97
フロイト, S.　44
プロフィ, J. E.　161, 162
ヘルバルト, J. F.　7
ボウルビィ, J.　56, 69
ポルトマン, A.　53
ホワイト, R.　138

マ行

マーシャ, J. E.　62
鉤治雄　17, 23, 28
松本亦太郎　7
三隅二不二　138, 139, 149
メイン, M.　69
森敏昭　7
モレノ, J. L.　140, 141

211

ヤコブソン, L. 162

ヤ・ラ・ワ行

矢部克也 138
吉崎静夫 149
リピット, R. 138

ルイス, M. 58
ローゼンサール, R. 162
ロジャーズ, C. R. 153, 154, 178
鷲田清一 156
ワトソン, J. B. 37

事項索引

A-Z

ADHD 193, 195, 196
CAI 80
development 33
DSM-5 189
ICD-10 190
ITPA 言語学習能力診断検査 206
K-ABC 心理・教育アセスメントバッテリー 206
LD 193, 194
PM 理論 138, 149
Q-U テスト 135
　　hyper―― 137

ア行

愛着 56, 68
　　――の安定型 69
　　――の回避型 69
　　――の抵抗型 69
愛着スタイル質問法 69
愛着ストーリー完成課題 70
愛着理論 68-70
アイデンティティ 39, 48, 61
アサーション 144
　　――・トレーニング 144, 179
アセスメント（見立て） 202
閾値 38
一次的な障害 199
一次的欲求 114
一斉授業 85
遺伝説 36-37
インクルージョン 190
ウェクスラー式知能検査 204, 205
内なる教師 192
エスノグラフィー 24
援助チームシート 158, 159
横断的研究 28

カ行

外在変数 15
外的環境 200
学業的援助要請 127
学習障害 →LD
学習性無力感 125
学童期 47
家系研究法 36
仮説実験授業 83
「学級がうまく機能しない状態」 146
学級経営研究会 146
家庭支援センター 181
感覚運動期 63-64
環境 36
環境閾値説 38
環境説 36-37
環境的な要因 194
環境との関係 200
韓国の教育事情 49
観察法 21
完全習得学習 88
機械的受容学習 84
機能の自律 120
基本的信頼感 45
ギャング・エイジ 59
ギャング・グループ 59
教育相談所 181
教育調査 16
教育的ニーズ 198
共感的理解 153, 154
教師期待効果 162, 163
教師用 RCRT 164, 169, 170
競争 117
協調学習 83
協同学習 88, 118
興味や関心が狭く特定のものにこだわる 197
勤勉性 47
具体的操作期 63
グラウンデッド・セオリー 26

213

グループ・エンカウンター　142
　構成的——　143, 179
グループ学習　88
形式的操作期　67-68
形成的評価　104
系列的　201, 204
ケース研究　27
原因帰属　122
高機能自閉症　196
口唇期　44, 45
肛門期　44
個人間差　156
個人差　35
個人内差（横断的）　156
個人内差（縦断的）　156
固着　44
個別学習　87
コミュニケーション症群　189
コンピテンス　125

サ行

罪悪感　44
サイコエジュケーション　141
作品法　23
サラマンカ宣言　190
シェマ　62
自我同一性　47
自己意識　57
自己概念　70-71
自己感　199
自己決定理論　114
自己効力感　124
自己実現　114
自己受容　155, 156
自己中心性　64
自己調整学習　91
自己評価　105
自己理解　153
自主性　47
思春期　174
自尊感情　155, 156
実験群　13
実験法　13

実施可能性　106
質的研究法　24
質問紙法　16
児童期　59-60
児童相談所　181
自閉スペクトラム症　193
社会情緒的な発達　68
社会的構成主義　84
社会的参照　55
社会的比較　126
社会的欲求　114
習熟度別指導　88
従属変数　15
集団規範　135
集団凝集性　135
集団構造　135
縦断的研究　28
集団独白　65
集団に準拠した評価　102
集団目標　135
受容　126
生涯発達　33
衝動性　193
小児期および青年期に通常発症する行動および
　情緒の障害　189
初期経験　56
初頭効果　162
自律性　45, 115
真正な評価　99
身体的行動面　203
診断基準　189
診断的評価　104
心的表象　64
新版K式発達検査　206
信頼性　20, 106
心理教育的アセスメント　158
心理教育的援助サービス　178
心理的自我　58
心理的精神の面　202
心理的発達の障害　189
心理的離乳　61
スキンシップ　56
ステレオタイプ　161, 162

ストレンジ・シチュエーション法 69
性器期 44
成人愛着面接法 69
精神遅滞 189
青年期 47, 60-61
生理的早産 53
生理的欲求 114
絶対評価 102
セルフ・ハンディキャッピング 101, 131
全数調査 16
前操作期 64-65
潜伏期 44
総括的評価 104
総合的 203
相互作用説 37-38
相互評価 105
相対評価 102
ソーシャル・スキル 137, 142, 144
ソシオメトリック・テスト 140
育てるカウンセリング 141, 179

タ行

胎児期 53
第二次性徴 60
第二反抗期 61
タキソノミー 97
他者受容感 115
他者評価 105
多重知能 91
達成動機 122
多動性 190
妥当性 20, 106
他人との社会的関係の形成の困難さ 196
多面的 203
男根期 44
知的好奇心 119
注意欠如・多動症 → ADHD
調査法 16
調節 62
重複 195
適性処遇交互作用 90
テスト不安 101
テスト法 18

同一性拡散 47
動因 113
同化 62
動機づけ 113
　外発的—— 116
　内発的—— 118
統制群 13
到達度評価 102
道徳性の発達 71
道徳的判断 73
討論学習 73
特異な学習困難 194
特別支援教育 192
特別な教育的支援を必要とする児童生徒 192
独立変数 15

ナ行

内的ワーキング・モデル 68
仲間評価 105
喃語 57
二次的な障害 199
二次的欲求 114
乳児期 45
乳幼児分析的発達検査法 206
認知行動療法 44
認知発達 63

ハ行

媒介変数 15
恥・疑惑 45
発見学習 81
発達加速現象 59
発達課題 42
発達危機 174
発達段階 40
パフォーマンス評価 98
パラドックス 5
ハロー効果 160
ピア・サポート 143
ピアジェの認知発達理論 62
ピグマリオン効果 163
評定 100
評定法 17

標本調査　16
不信感　45
不注意　195, 196
物理的自我　58
フロー　120
プログラム学習　79
平衡化　62
並列的　201
偏差値　106
母子関係　56
保存　65
保存概念　65-66

　　　　　　マ行

三つ山課題　65, 74
メタ認知　91
面接法　22
もう一人の私　192
モード1　9
モード2　9
目標に準拠した評価　102

モラトリアム　61

　　　　　　ヤ行

役割取得　73
野性児　37
有意味受容学習　85
誘因　113
有能感　125
ユニバーサルデザイン　198
欲求の階層説　114
来談者中心療法　178

　　　　　　ラ行

ラポール　22
リーダーシップ　135, 149
リビドー　44
臨界期　57
ルーブリック　98
劣等感　47
連続体　191
ロール・プレイング　142

執筆者紹介（執筆順，執筆担当）

鈎　　治　雄（まがり・はるお，編者，創価大学教育学部教授）第1章・第2章
李　　和　貞（い・ふぁじょん，早稲田大学講師）第3章・第4章
関田　一彦（せきた・かずひこ，編者，創価大学教育学部教授）第5章・第6章
富岡比呂子（とみおか・ひろこ，創価大学創価教育学部教授）第7章
吉川　成司（よしかわ・せいじ，編者，創価大学教職大学院教授）第8章・第9章
高野久美子（たかの・くみこ，創価大学教育学部教授）第10章
長島　明純（ながしま・あきすみ，創価大学教職大学院教授）第11章

はじめて学ぶ教育心理学［第2版］

2010年10月20日　初　版第1刷発行	〈検印省略〉
2013年11月30日　初　版第5刷発行	
2016年 4月25日　第2版第1刷発行	
2021年12月20日　第2版第6刷発行	

定価はカバーに表示しています

編著者　吉　川　成　司
　　　　関　田　一　彦
　　　　鈎　　　治　雄
発行者　杉　田　啓　三
印刷者　江　戸　孝　典

発行所　株式会社　ミネルヴァ書房
607-8494　京都市山科区日ノ岡堤谷町1
電話代表（075)581-5191番
振替口座 01020-0-8076

© 吉川・関田・鈎ほか，2016　共同印刷工業・藤沢製本

ISBN978-4-623-07448-8
Printed in Japan

よくわかる教育評価〔第2版〕

田中耕治編　B5判 232頁　本体2600円

教育評価のスタンダードテキスト。教育実践に不可欠な評価について，客観テストの利点と欠点，指導要録や通知表の役割など幅広い観点から解説する。現場教員にも有用な一冊。

事例で学ぶ学校の安全と事故防止

添田久美子・石井拓児編著　B5判 156頁　本体2400円

●「事故は起こるもの」と考えるべき。授業中，登下校時，部活の最中，給食で…，児童・生徒が巻き込まれる事故が起こったとき，あなたは——。学校の内外での多様な事故について，何をどのように考えるのか，防止のためのポイントは何か，指導者が配慮すべき点は何か，を具体的にわかりやすく，裁判例も用いながら解説する。学校関係者必携の一冊。

すぐ実践できる情報スキル50——学校図書館を活用して育む基礎力

塩谷京子編著　B5判 212頁　本体2200円

●小・中学校9年間を見通した各教科等に埋め込まれている情報スキル50を考案。学校図書館を活用することを通して育成したいスキルの内容を，読んで理解し，授業のすすめ方もイメージできる。子どもが主体的に学ぶための現場ですぐに役立つ一冊。

探究の過程における すぐ実践できる情報活用スキル55
——単元シートを活用した授業づくり

塩谷京子著　B5判 210頁　本体2400円

●小学校1年生から中学校3年生まで，学年ごとに配列し，情報活用スキル55を習得・活用している子どもの姿をレポート。教師をめざす人，小・中・高の教諭，学校司書，司書教諭にすぐに役立つ書。

調査研究法ガイドブック——教育における調査のデザインと実施・報告

S. B. メリアム・E. L. シンプソン著，堀 薫夫監訳　A5判 292頁　本体3500円

好評の『質的調査法入門』(2004)の同じ著者による調査・研究法の入門書。質的調査法のみならず，実験法や哲学的調査法・歴史的調査法なども取り込み，調査の企画・デザインから文献のレビューや論文執筆までの手順をわかりやすく示した。

——ミネルヴァ書房——